Lo que los
ESPOSOS
desean que sus
ESPOSAS
sepan sobre los hombres

Del autor del libro de gran venta
EL HOMBRE FRENTE AL ESPEJO

PATRICK M. MORLEY

HACIA UN NUEVO MILENIO

La misión de Editorial Vida es proporcionar los recursos necesarios a fin de alcanzar a las personas para Jesucristo y ayudarlas a crecer en su fe.

© 1999 EDITORIAL VIDA
Miami, Florida 33166-4665

Publicado en inglés bajo el título:
What Husbands Wish Their Wives Knew About Men
por *Zondervan Publishing House*
© 1998 por *Patrick M. Morley*

Traducción: *Gisela Sawin*

Diseño interior: *Word for the World, Inc.*

Diseño de cubierta: *Gustavo A. Camacho*

ISBN 0-8297-1972-5

Categoría: *Familia*

Impreso en Estados Unidos
Printed in the United States of America

01   02   03   04   05   ❖   7   6   5   4

El matrimonio es algo que se aprende.
Algunos lo aprenden bien.
Otros no.
Gracias a mis padres,
Bob y Alleen Morley,
y a los padres de mi esposa,
Ed y June Cole,
he aprendido por observación cómo amar
y respetar verdaderamente a mi esposa, Patsy.
Gracias.
Por este y otros innumerables motivos
les dedico este libro a ustedes.

Contenido ❧

Tercera Parte

Introducción 🕊

Alguna vez, cuando ella se despierte antes que su esposo, se dará vuelta y mirará con curiosidad la extraña criatura boquiabierta que ronca tranquilamente en la almohada que está a su lado.

Preguntas enigmáticas e irritantes revolotean por su mente: *¿Quién es este hombre con el que estoy casada? ¿Qué cosas lo motivan? ¿Por qué no es más sensible frente a mis necesidades? ¿Será que cambió o simplemente no lo comprendí desde un principio?*

Sin que lo sepa, algunos días, cuando él se despierte primero, mirará con adoración a su esposa, desconcertado por su imposibilidad de comunicarse más profundamente con esta mujer a la que tanto ama. *¿Por qué no puedo encontrar las palabras para expresarle lo que hay dentro de mi corazón: cuánto la amo, las esperanzas y los sueños que abrigo para los dos, las cosas que me asustan, mis buenas intenciones y cuánto lamento las veces que he desilusionado a la familia?*

Sin embargo, esas palabras no surgen con facilidad. Además, debe levantarse y afeitarse. Hay cuentas que pagar, clientes que atender, llamadas que responder, negociaciones que encarar y muchos kilómetros por recorrer antes de que sus pensamientos vuelvan nuevamente a estos temas relacionados con el corazón.

Cómo son los hombres

Me dedico a trabajar con hombres por vocación. Sin duda, el principal problema que aqueja hoy día a los hombres es que sus matrimonios no marchan como debieran. Es por eso que quise escribir este libro.

Sin duda, el principal problema que aqueja hoy día a los hombres es que sus matrimonios no marchan como debieran.

En estas páginas, desearía llevarla aparte y mostrarle algunas cosas que debiera saber respecto de los hombres. Mi objetivo consiste en decirle cómo es un hombre desde la perspectiva de un hombre, qué siente por dentro, qué piensa y por qué situaciones atraviesa. Los hombres necesitan un portavoz para transmitirles algunas cosas a sus esposas. Quisiera intentar adoptar el papel de "traductor" de los hombres. Quiero llevarla al interior del "vestuario". De modo que usted —casada, comprometida, soltera o nuevamente soltera— al terminar de leer este libro, sabrá cómo "están construidos" los hombres.

Mi mayor anhelo sería que un hombre leyera este libro y dijera: "¡Sí! Está expresando exactamente lo que siento. Cariño, ¿leerías este libro para comprenderme mejor?"

Perspectiva

Puesto que hay cuatro conceptos que resuenan sin cesar en mis oídos que se han convertido en las ideas principales de este libro, pensé que debiera saber de entrada lo que me propongo:

1. *El matrimonio es algo bueno.* El matrimonio bendice. El matrimonio es esa fusión espiritual, misteriosa, que hace que dos vidas independientes que se dirigen en dos direcciones independientes se conviertan en una sola carne.

2. *Todas las relaciones son difíciles, sobre todo el matrimonio.* Una vez escuché decir a Florence Littauer: "Nos senti-

mos atraídos a casarnos con los puntos fuertes del otro y luego vamos a casa a vivir con las debilidades del otro." Dos personas que tienen roces todos los días son proclives a generar cierta fricción. El amor es el adhesivo que nos puede mantener unidos y el aceite que evita roces que nos irritan.

3. *Prácticamente todos los hombres creen que son, o que han sido, esposos difíciles con los que convivir.* Lo más probable es que su esposo se sienta acosado por muchos sentimientos de arrepentimiento. Sabe que ha sido un hombre difícil con el cual vivir. Sin embargo, desea compensarla por los años que le ha robado.

4. *La mayoría de los hombres tiene buenas intenciones en su corazón.* Basándome en cientos de encuestas y miles de entrevistas, diría que la abrumadora conclusión es la siguiente: La mayoría de los hombres verdaderamente quiere hacer lo bueno. Aman profundamente a su esposa. Con el paso del

> *La mayoría de los hombres tiene buenas intenciones en su corazón.*

tiempo, incorporaron algunas ideas que los desorientaron, pero en su corazón tienen buenas intenciones.

Con el objeto de prepararme para escribir este libro, realicé una extensa investigación de dos años de duración con hombres y mujeres, incluyendo encuestas escritas y entrevistas personales. Además, di clases sobre una serie del mismo título a ciento cincuenta hombres en Orlando durante un período de cuatro meses.

Las historias que leerán son reales, si bien, en los casos que así lo requerían, se cambiaron algunos detalles y nombres.

En cualquier capítulo tal vez experimente una "inversión de funciones". En otras palabras, lo que se dice sobre su esposo puede parecerle que tiene más semejanza con usted y viceversa. Puesto que abordar dichas diferencias escapa al contenido de este libro, permítame alentarla a realizar todas las adaptaciones que considere necesarias.

Quisiera expresar mi especial agradecimiento a Jim Dobson por permitirme, con su bendición, usar el título de este libro, puesto que se asemeja bastante (y es su homólogo) a su "éxito de librería" de 1973, *"Lo que las esposas desean que los maridos sepan"*.

Para que este libro fuera lo más práctico posible, he agregado una sección: "Cómo puede ayudar a su esposo", al final de cada capítulo. Además, hay una sección, "Un pensamiento dirigido a los esposos", que puede mostrarle a su esposo y pedirle que reflexione sobre el tema en cuestión.

Una palabra final. R.C. Sproul concluyó el prefacio de *El hombre frente al espejo* con buen humor, diciéndoles a los hombres: "Si alguien le obsequia este libro o usted lo compra, no deje de leerlo. Si no lo hace, asegúrese de destruirlo antes de que su esposa lo lea. Si lo inimaginable llegara a ocurrir, que usted no lo leyera y su esposa sí, le advierto, querido hermano, que se verá en grandes problemas." Entonces, esposas, el presente libro es "El hombre frente al espejo: edición para mujeres".

Primera parte

Uno

Niñez

"Lo que sé lo aprendí de mi padre"

*E*ra una escena conmovedora: Michael Jordan se tiró al piso, se cubrió el rostro con las manos y sollozó por televisión nacional. Los Chicago Bulls acababan de ganar su cuarto campeonato de baloncesto de la NBA en seis años.

¿Por qué lloraba Michael Jordan, de quien podría decirse que es el atleta más sobresaliente de nuestra generación? ¿Eran lágrimas de felicidad por el máximo logro deportivo? ¿Se trataba de una liberación de la presión que ejercían sobre él las exageraciones de los medios de comunicación?

No, era el Día de los Padres.

Para comprender esta odisea hasta el pináculo del éxito deportivo, debemos retroceder tres años, cuando asesinaron de manera brutal al padre de Michael Jordan, historia que acaparó los titulares de periódicos en todas partes.

Poco tiempo después de la muerte prematura de su padre, Michael se retiró abruptamente del baloncesto. El repentino alejamiento de Michael Jordan, estando en la cima de su carrera, su breve contacto con el béisbol y su final regreso triunfante a los pisos de parqué del baloncesto, se atribuyen a muchos motivos.

Sin embargo, solo una opinión tiene sentido. Este joven perdió a su papá. Michael Jordan amaba a su padre. Era su héroe, mentor y amigo. En su dolor, Michael tropezó con las inevitables preguntas sobre el significado y propósito de la vida que lo acechaban. Tal como pudiera sucederle a cualquiera de nosotros, se desorientó durante una temporada.

Pero la vida continúa y Dios es bondadoso. El tiempo cura. La perspectiva regresa. Las cosas vuelven al lugar en el que estaban. Y Michael Jordan volvió al baloncesto.

Cuando Jordan regresó, posiblemente el más grande de la historia del deporte, le dedicó la temporada a su padre, James. Luego de un año casi de novela, Jordan y los Chicago Bulls se encontraban a punto de ganar el campeonato de la NBA que coincidía con el Día de los Padres.

Instantes antes del partido, Jordan pensó en la posibilidad de ganar el campeonato en el Día de los Padres: "Sería muy gratificante, un tributo a mi padre y a la motivación que me brindó. Aun sin estar él, salir al campo de juego y honrarlo ha sido parte de mi motivación día tras día."

Y allí estaba tendido, quizá el mayor héroe deportivo de nuestros tiempos, estremecido por profundos sollozos al pensar en su padre.

¿Qué cosas motivan a un hombre? Es una pregunta compleja. Tal vez ningún hombre pueda llegar al fondo de su corazón y extraer las palabras exactas para describir lo que lo impulsa a levantarse por las mañanas.

Sin embargo, hay un motivo que los impulsa como pocos. Es esencial, perpetuo e insaciable. Hablo de la necesidad que tiene su esposo de que su padre sienta orgullo de él.

¿DE QUÉ MANERA INFLUYEN LOS PADRES SOBRE SUS HIJOS?

Recuerdo a mi hijo John, una miniatura de cinco años de edad, enrollándose la toalla alrededor de su cuerpo, tal como lo hago yo, y luego imitando mis rituales de afeitarme, cepillarme los dientes y peinar mi cabello mojado.

Un niño pequeño tiene un vínculo especial con su padre. Así es como Dios lo planeó. Él desea que los padres utilicen esta influencia "genética" para moldear y dar forma a sus hijos e hijas. La Biblia nos dice:

> Y estas palabras que yo te mando hoy, estarán sobre tu corazón; y las repetirás a tus hijos, y hablarás de ellas estando en tu casa, y andando por el camino, y al acostarte, y cuando te levantes. Y las atarás como una señal en tu mano; y estarán como frontales entre tus ojos; y las escribirás en los postes de tu casa, y en tus puertas.
>
> Deuteronomio 6:6–9

En la cultura actual podríamos decir: "Hablen luego de que terminen de ver juntos la televisión sobre el mensaje del programa; intercambien ideas sobre el sermón del domingo mientras conducen camino a casa; lean historias bíblicas a la hora de ir a dormir; y realicen devocionales familiares por la mañana, antes que todos partan hacia rumbos diferentes para cumplir con sus tareas cotidianas. Mantengan recordatorios del Señor, tales como música cristiana, libros y arte en sus hogares. Entablen y mantengan amistades con otros cristianos."

Un niño pequeño tiene un vínculo especial con su padre. Así es como Dios lo planeó.

¿Influyó el padre de su esposo de esta forma en su vida?

Nada ha influido más en su esposo que la relación con su propio padre terrenal. Las olas al parecer pequeñas de la influencia de su suegro golpean para siempre, tal como lo hacen las olas del mar contra los pilares de la opinión que su esposo tiene del mundo, de sí y de usted.

Mujeres comprometidas, ¿desean saber cómo las tratarán sus novios cuando estén casados? Observen cómo el padre de su novio trata a su esposa. Si la trata bien, será una bendición para usted. Si la trata mal, ¿sabe su novio que algo no anda bien? ¿Está preparado para romper con el pasado? Pregúntele: "¿Qué has aprendido al observar la manera en que tu padre trata y maltrata a tu madre?"

¿DE QUÉ MANERA INFLUYEN LOS PADRES SOBRE SUS HIJOS?

*S*u suegro influyó en su esposo en una de estas cuatro formas:

Es posible que su suegro no haya tenido ninguna influencia sobre su esposo. Tal vez el padre de su esposo estuvo ausente a causa de muerte, divorcio o abandono. El propio padre de mi padre, por ejemplo, abandonó a su familia cuando mi papá tenía solo cuatro años.

Si bien algunos de los mejores esposos del mundo superan estas circunstancias, lo más probable es que su vida sea una lucha. Los hombres sin padre sufren porque carecen del calor y el afecto del amor paterno y de la empatía hacia otras personas inculcada por haber experimentado una niñez sana. En cambio, deben recibir orientación exclusiva de su madre. Dios mediante, habrá existido otra figura paterna en su vida.

Los hombres necesitan un padre y sufren si no lo tienen. Un día, un asistente de un centro para jóvenes advirtió que un niño proveniente de una zona urbana deprimida parecía estar más triste que de costumbre.

—¿Qué sucede? —le preguntó el asistente de jóvenes.

—¡Nada! —dijo.

—Vamos, pareces estar triste. Puedes contarme lo que te ocurre.

—Bueno... —titubeó, para luego agregar—: Se trata de mi padre.

—¿Qué pasa con tu padre? —preguntó el asistente de jóvenes.

—No tengo papá. No puedo hacer nada sin un papá —dijo el pequeño.

Es posible que la influencia de su suegro sobre su esposo haya sido mínima o insignificante. Bill se crió en el frío norte del país. Era el noveno hijo de su padre. Su familia era muy luchadora. Se esforzaban para poder vivir de sus ingresos. Bill dijo: "Mi padre en realidad no influyó mucho en mí. Sí, era un hombre decente; a decir verdad, un buen hombre. Pero no se dedicaba a la tarea de padre. Siempre estaba ensimismado, distante. Realmente nunca pude saber gran cosa de él."

Muchos hombres sienten que sus padres se mantenían "distantes" cuando ellos eran niños, a pesar de que en la actualidad tengan vínculos "estrechos" con ellos. Muchos hombres crecieron en hogares en los que papá pensaba que hacía bien al dedicarse al "sueño americano" a costa de pasar tiempo con sus hijos. Esos padres no eran hombres malos, sino que simplemente estaban ausentes. Tal vez se trataba del trabajo, de una afición o de un deporte. Tal vez era un "teleadicto". No era un mal tipo, pero su influencia fue "escasa". Hoy día, el remordimiento acecha a la mayoría de estos hombres que no intentaron dedicar más tiempo a la crianza de sus hijos. Quizá debido a los errores de nuestros padres, nuestra cultura se ha vuelto más abierta a la buena relación entre padres e hijos.

No obstante, estos hombres con frecuencia influyeron en sus hijos, tal vez sobre su esposo, para que se dedicaran por completo a su trabajo o a cualquier otra actividad que los alejara de la vida familiar cotidiana. Simplemente no es algo que encaje con su forma de ser. Por seguir los pasos de su padre, hoy muchos hombres están dedicados por completo al trabajo, a los deportes y a las aficiones.

Es posible que su suegro haya sido un ejemplo negativo para su esposo. Si bien considero que los hombres desean de corazón hacer lo bueno, los esposos por lo general repiten los pecados de sus padres: "De tal palo, tal astilla." A veces los hombres se criaron junto a padres atrapados por conductas destructivas tales como alcoholismo, maltrato verbal e incluso físico. Estos hombres sufrieron el enojo de sus padres. Quizá observaron, sin poder hacer nada, cómo se divorciaban sus padres, sintiendo con frecuencia que era su culpa.

Algunos hombres, como es el caso de un amigo mío, escucharon palabras frustrantes. Su papá le decía constantemente: "Eres un estúpido... No sirves para nada... Nunca llegarás a ser alguien." Entonces, ese frágil pequeñín dedica el resto de su vida a tratar de demostrar que su padre tenía razón o que no la tenía. Es un motivador poderoso, si bien con frecuencia puede ser un factor debilitante.

Es posible que su suegro haya sido un modelo positivo para su esposo. El año pasado, el padre de un gran amigo mío tuvo un infarto mientras plantaba almácigas de pino en su finca. Unos minutos más tarde, al llegar al hospital, lo declararon muerto a los cincuenta y siete años de edad. Si bien su vida fue corta, le transmitió su bendición a su hijo. Le pregunté a mi amigo: "¿Qué es lo que más recuerdas de tu padre?"

Sin pensarlo me dijo: "Mi padre no dejó nada inconcluso. Se aseguró en forma categórica de decirme: 'Te amo' y 'Estoy orgulloso de ti.' En todo momento me lo decía.

"Mi padre me aceptaba en forma incondicional. Cuando me evaluaron para jugar en un equipo de fútbol, mi papá me dijo: 'Si quieres jugar, está bien. Si no quieres hacerlo, también está bien.' Mi padre viajaba mucho, pero estaba presente en cada uno de los partidos. Incluso, si debía conducir dos horas para estar presente, aun si llegaba tarde, no faltaba. Ahora me percato de cuánto di por sentado. Muchos de los padres de los demás niños nunca asistieron a un partido, ni siquiera a uno."

Esposas, a su esposo lo esculpieron, para bien o para mal, por el padre que tuvo o por el que estuvo ausente. El ejemplo de ese hombre que le dio vida lo moldeó.

EXAMEN PARA ESPOSAS

*H*agamos un examen para ver cuán bien puede describir al padre de su esposo. Coloque una tilde junto a las palabras que figuran a continuación que describan con la mayor exactitud posible al padre de su esposo (puede marcar cuantas desee).

___ permisivo	___ estricto
___ colérico	___ egoísta
___ fuerte	___ malo
___ desconocido	___ ausente
___ comprometido	___ ensimismado
___ bueno	___ espiritual
___ mentor	___ amigo
___ trabajador	___ sustentador

Ahora, revise la misma lista y coloque una "x" junto a las descripciones que definan el tipo de padre en el que se convirtió su esposo. ¿Entiende a qué me refiero?

Continuemos con el examen. Coloque una tilde junto a las siguientes características que describan con la mayor precisión posible el trato que el padre de su esposo daba a su esposa (nuevamente, puede marcar tantas como desee).

___ afectuoso	___ distraído
___ tierno	___ malhumorado, voluble
___ presta atención	___ colérico
___ estable	___ irrespetuoso
___ difícil, complicado	___ le asignaba alta prioridad
___ imprevisible	___ buena relación
___ amigable	___ le dedicaba tiempo

Ahora, repase la lista y coloque una "x" junto a las mismas descripciones que identifiquen el trato que le da su esposo a usted. Es evidente que muchos esposos terminan tratando a su mujer de la misma forma que sus padres trataron a su madre.

SIETE LECCIONES QUE APRENDEMOS DE PAPÁ

Lo que su esposo sabe sobre la masculinidad lo aprendió de su padre. Por cierto, maestros, predicadores, entrenadores y pares forman parte del elenco de reparto, pero el que ejerce la mayor influencia sobre la masculinidad de un muchacho es su papá.

Nuestra comunidad presenció el juicio de un joven de dieciocho años que asesinó salvajemente a una niña de cuatro años de edad. Él proviene de un hogar horriblemente deshecho. Durante los meses previos al juicio y, por último, durante el juicio, el joven no demostró ninguna emoción. Sin embargo, cuando su padre entró a la sala del tribunal, bajó la cabeza, cerró los ojos y su mandíbula temblaba. Cuando su padre testificó, se mantuvo al borde de las lágrimas.

Por cierto, maestros, predicadores, entrenadores y pares forman parte del elenco de reparto, pero el que ejerce la mayor influencia sobre la masculinidad de un muchacho es su papá.

Hay siete lecciones especiales que todo padre, consciente o inconscientemente, desea dar a modo de herencia a su hijo. Sé que mi padre lo hizo.

Primera lección: Qué significa ser hombre

Recuerdo la masculinidad de mi padre. Mi padre era un hombre de verdad. Aprendí a ser hombre observándolo, imitando lo que él hacía, reproduciendo sus actitudes, simulando ser él.

Mi papá era mi héroe. No existía nada que pudiera hacer mal. Más adelante, por supuesto, aprendí que mi padre tenía debilidades, como cualquier otra persona, pero mi papá era especial. Proverbios 17:6 lo dice de este modo: "Y la honra de los hijos [son] sus padres".

Cuando los niños del vecindario discutían: "Mi papá puede vencer al tuyo... Mi papá es más fuerte que el tuyo... Mi papá es mejor que el tuyo" ¡Estaba convencido de que mi papá *era* el mejor! Salvo que el padre de su esposo le diera motivos para pensar de otro modo, él siente lo mismo sobre su papá.

Cuando ingresé a séptimo grado, nos mudamos a una propiedad de dos hectáreas en el campo. Dedicamos varios años a arreglar el lugar. Digo "dedicamos" porque papá nos puso a trabajar. Sin embargo, de algún modo hizo que los cuatro niños nos sintiéramos sus socios, no sus esclavos.

Me convertí en hombre al lado de mi padre. Me enseñó lo que significaba ser un "hombre Morley". Fue mi mentor para que trabajara duro. Dio un ejemplo positivo de la vida. Me persuadió para que nunca abandonara mis sueños. Me disciplinó para que cumpliera mis promesas. Me enseñó a decir siempre la verdad. Me capacitó para saber cómo manejar el dinero.

Segunda lección: Cómo tratar a una mujer

Los padres de Tim aún están vivos, llevan cuarenta años de casados y tienen una maravillosa relación.

Tim dijo: "Aprendí cómo tratar a una dama observando la forma en que mi padre trataba a mi madre, ¡aunque era demasiado pequeño en ese entonces! Muchas, quizá la mayoría, de las expectativas que tengo respecto de mi esposa —¡al menos hasta que mi esposa me comunicó cuáles debían ser mis expectativas!— se formaron al observar la manera en que mi padre se comportaba con su esposa, cómo la miraba, cómo le hablaba y cómo le respondía. Al principio, con mi esposa simplemente copié lo que vi hacer a mi padre".

"Muchas, quizá la mayoría, de las expectativas que tengo respecto de mi esposa se formaron al observar la manera en que mi padre se comportaba con su esposa, cómo la miraba, cómo le hablaba y cómo le respondía. Al principio, con mi esposa simplemente copié lo que vi hacer a mi padre."

Los esposos aprenden cómo tratar a su mujer principalmente observando a su padre. Sin embargo, los esposos también aprenden mediante la forma en que sus padres les permiten tratar a su propia madre, como lo ilustra el siguiente ejemplo.

Cuando Duane llevó por primera vez a Kathy, actualmente su esposa, a conocer a su familia, supo que sus padres se enamoraron de ella a primera vista y Kathy de ellos. Sin embargo, mientras llevaba a Kathy a su casa esa noche, ella lo sorprendió cuando le dijo: "Duane, ¿te diste cuenta de que hoy le hablaste a tu madre en forma irrespetuosa?"

"¿De qué hablas?", preguntó. Ella le explicó a lo que se refería. Él dejó de hacerlo y allí terminó todo. ¿Pero cómo fue que sucedió algo así?

El padre de Duane siempre trató a su madre con el mayor de los respetos, pero por algún motivo le permitió a Duane responderle irrespetuosamente a su madre y hacer comentarios hirientes. Fue algo que su padre no advirtió y, por ende e inevitablemente, tampoco Duane.

Su esposo aprendió de su papá a tratarla como a una "dama" o no aprendió.

Tercera lección: Una firme dedicación al trabajo

Mi papá me enseñó cómo sustentar a mi familia. Aprendí la importancia del trabajo esforzado en la mesa de trabajo de mi padre.

Papá trabajaba para una empresa de ventas y servicio de aire acondicionado, de la cual luego fue dueño. Un verano me preguntó si quería ser su "ayudante".

"¡Por supuesto, papá!", dije. Me sentía muy entusiasmado de estar con mi papá. ¡Continuó sorprendiéndome cuando me ofreció pagarme un dólar la hora por algo que hubiera hecho gratis con gusto solo por estar con él!

Durante los siguientes veranos fui la "rata de altillo" de mi papá. Me hacía serpentear por espacios calientes y húmedos para ayudar a instalar los conductos de los sistemas de aire acondicionado.

Mediante su ejemplo me demostró la importancia del esmero, del trabajo y de la perseverancia. Siento un gran agradecimiento por todo eso. Su forma deliberada y constante de aplicar cuerpo y mente a un problema, siempre producía un buen resultado. Supe que ese era el camino a seguir.

Cualquiera sea el valor que su esposo le asigna al trabajo arduo, la mayor parte de eso lo aprendió de su padre.

Cuarta lección: Sentido común

David dijo: "Recuerdo todas las pequeñas cosas prácticas que mi padre me impartió sobre la rutina de la vida cotidiana. Mi padre no hablaba mucho, pero cada tanto aportaba algún bocadillo sobre cómo vivir de manera práctica. Nunca me daba largos sermones, pero sus homilías de una frase causaban impacto."

"Mi papá tiene un sentido común poco usual", continuó. "Todo lo ve desde un punto de vista práctico. Me guió en el arte de poner las cosas en la perspectiva adecuada."

¿Alguna vez se preguntó de dónde viene esa sabiduría sensata, comprensiva, crítica y práctica con la que de tanto en tanto la sorprende su esposo? Déle gracias a su suegro.

Quinta lección: Sistema de valores

Luego están las lecciones más importantes sobre el bien y el mal.

Michael se adelantó a decir: "Recuerdo muy bien el sistema de valores que aprendimos alrededor de la mesa de la cena cuando mis padres hablaban sobre los asuntos que influirían en nuestra vida. El valor de la educación. El valor de hacer el bien por otras personas. La importancia de la fe. El papel que tienen las esperanzas y los sueños. La dignidad de las personas.

"Nunca supe del prejuicio de algunas personas de mente estrecha en contra de las minorías, hasta mucho después de haberme ido de casa. En nuestra familia, nunca se nos ocurría hacer comentarios racistas. Me impactó la primera vez que escuché hablar acerca del odio racial porque no condecía con los valores que aprendí en casa. Papá se hubiera enfurecido si alguno de nosotros hubiera hecho algún comentario racista en el hogar. ¡Nos hubiera dado tremendo castigo!"

Usted puede rastrear las raíces del sistema de valores de su esposo a la forma en que el padre de él se enfrentaba al mundo.

Una buena tarea como padre no garantiza que nuestros hijos sean buenas personas, pero una mala crianza por lo general implica que no lo serán.

Sexta lección: Integridad

Durante esos veranos en los que trabajé con mi padre, a veces se peleaba con alguien. Sin embargo, no recuerdo que hablara mal de nadie. Mi padre nunca engañó a nadie. Nunca mintió. Siempre prefirió el camino difícil, pero digno. Siempre dijo la verdad. Era escrupuloso en los detalles. Me dio esa base moral, ese cimiento de la integridad.

Una buena tarea como padre no garantiza que nuestros hijos sean buenas personas, pero una mala crianza por lo general implica que no lo serán. Si su esposo tiene integridad, lo más probable es que lo aprendiera de su padre.

Séptima lección: Herencia espiritual

John dijo: "Si bien no llegué a la fe hasta los veinte y pico de años, debo agradecerle a mi padre por las lecciones que me brindó como herencia espiritual. Mis padres se aseguraron que participara en todas las actividades para jóvenes que ofrecía nuestra iglesia. Me inscribieron en el grupo para jóvenes, en la Escuela Dominical, me hacían asistir a la iglesia, a las clases de confirmación, en fin, a todo. En esa época no comprendía demasiado, pero luego advertí que se había consolidado una base."

Un estudiante de escuela secundaria caminaba por el pasillo hacia el dormitorio. La puerta que daba al dormitorio principal estaba abierta, aunque las luces estaban apagadas. El padre de este adolescente oraba, arrodillado junto a su cama. Diez minutos más tarde, cuando el estudiante volvió a pasar dirigiéndose a la sala, el padre continuaba orando. Este adolescente convertido en adulto dijo:

"La imagen visual de mi padre orando durante tanto tiempo está grabada para siempre en mi mente. Ha tenido gran influencia en la manera que encaro mi propia vida espiritual."

Algunos padres guían espiritualmente a sus hijos mediante homilías informales. Otros leen historias bíblicas a sus niños antes de dormir. Tal vez solo unos pocos hacen una verdadera planificación intencional de la educación espiritual de sus hijos, como en el caso de los devocionales familiares. No obstante, cualquier cosa que hagan los padres parecería ser que no cae en saco roto.

EL AMOR DE UN PADRE

Cuando cursaba mi último año de la escuela secundaria, abandoné los estudios y me incorporé al ejército. Evidentemente, tenía una lucha interior respecto de algunos temas. A partir de ese momento no tuve mucha relación con mi padre. Algo se cortó en nuestra relación al mediar ese año.

Luego de regresar a casa, terminé la escuela secundaria y la universidad, me casé, adopté la fe cristiana y comencé a madurar. A medida que caían las hojas del calendario, año tras año, empecé a anhelar una relación más profunda con mi padre, pero no sabía qué hacer al respecto.

Un día, cuando ya tenía más de treinta años de edad, invité a mi padre a almorzar el día de su cumpleaños, algo que se convirtió en una costumbre. Pocos años después de comenzada esta nueva tradición, al finalizar el almuerzo, pagamos y luego nos dirigimos a nuestros automóviles. Por alguna razón que aún desconozco, dije:

—Ven, papá, déjame darte un abrazo.

Antes de poder siquiera pensar en lo que dije, nos abrazamos. Coloqué mis brazos alrededor de mi padre y mi padre puso los suyos alrededor de mí. ¡Me apretó con tal fuerza que parecía que me hubiera atrapado un oso! Luego, dejó escapar un gruñido prolongado, profundo, primitivo.

—Mmmmmmmmm...

Debe haber durado treinta segundos.

En lo único que podía pensar era en el dolor profundamente oculto de no haber tenido su propio padre, de nunca haber tenido un padre a quien imitar, de nunca haber tenido un padre que le acariciara el cabello, de nunca haber escuchado a un padre hablarle sobre las cosas de la vida... y de los años perdidos en que no nos abrazamos.

Al cabo de esos infinitos treinta segundos, lágrimas tibias y saladas rodaron por nuestras mejillas. Me miró y lo miré.

—Te amo, papá —dije.

—Yo también te amo —respondió. Luego nos fuimos, habiendo purificado nuestra alma.

Francamente, no estoy seguro de que cualquiera pudiera explicar con propiedad qué sucedió en ese precioso momento. Un siglo de penas flotó a la superficie en un breve instante. El dolor intangible de lo que pudo haberse desvanecido. Un sabor de la gloria brillante del paraíso se posó sobre nosotros. La bondadosa mano de Dios hizo que un muro se derrumbara. Se produjo una reconciliación. Fue una sanidad espiritual de alegría inefable.

Es interesante. Ese único episodio se convirtió en un momento crucial para nuestra familia. Desde entonces, nos hemos convertido en una familia de personas que se abrazan y aman. Y no solo papá y yo, ¡sino todos! Al principio, casi parecía ridículo.

Llamaba a mi hermano por teléfono (estoy inventando esta historia, bueno... casi). Cuando terminábamos de hablar, me decía:

—Te amo Pat.

A lo que le contestaba:

—Yo también te amo.

—Bueno, pero yo te amo más que tú a mí —respondía.

—No, no es así. ¡Yo te amo más que tú a mí!

—¡Eso es absurdo, lo dije primero!

—Bueno, no me importa lo que digas. ¡Yo te amo más! —le replicaba y luego colgaba rápidamente para tener la última palabra.

Nuestra familia se abrazaba antes de ese almuerzo, pero de manera accidental. Ahora, ¡abrazarnos se ha convertido en un estilo de vida! Siempre nos saludamos cuando llegamos o partimos, con abrazos y expresiones verbales de amor. ¡Es una vida hermosa!

No quiero sugerir que todos los hombres pueden reproducir esta experiencia. No sería justo generar expectativas tan elevadas. Sin embargo, muchos hombres permanecen distantes de sus padres, incluso ni siquiera mantienen una relación con ellos. Algunos tal vez deseen hacer la prueba.

Ningún padre es perfecto. Con frecuencia, los padres aman sin decirlo ni demostrarlo. Si el padre de su esposo no le expresó su amor ya sea física o verbalmente, puede estar segura de que anhela ese tipo de expresión (aun si puede manifestarlo o no).

Si el padre de su esposo no le expresó su amor ya sea física o verbalmente, puede estar segura de que anhela ese tipo de expresión (aun si puede manifestarlo o no).

LA APROBACIÓN DE UN PADRE

Además de las expresiones verbales y físicas de amor, la otra necesidad importante que por lo general no satisfacen los padres imperfectos es la necesidad de su hijo de que su padre esté orgulloso de él.

Uno de los empresarios más importantes del estado de Florida me contó la historia de cómo llegó a ser anciano en su iglesia. Su padre lo fue durante muchos años y eso lo motivó a procurar el cargo. Luego dijo: "Mientras estaba parado allí, después de haber recibido el cargo, mi padre se acercó a mí, colocó su mano sobre mi hombro y me dijo: 'Hijo, estoy orgulloso de ti.'"

Cuando me lo contó, las lágrimas comenzaron a rodar por su rostro de sesenta y cinco años de edad. Añadió: "Aunque ya era un hombre adulto, esa fue la primera vez que escuché decir a mi padre que estaba orgulloso de mí."

Todo hombre que conozco desea escuchar que su padre diga: "Estoy orgulloso de ti, hijo". Pero no todos los hijos lo escuchan. Larry dijo un día: "Nunca pude complacer a mi padre, hiciera lo que hiciera." Actualmente, ya han pasado varios años desde la muerte del padre de Larry. Sin embargo, la aprobación que su padre le negó sigue motivando a Larry a procurar que su padre se sienta orgulloso.

> *Todo hombre que conozco desea escuchar que su padre diga: "Estoy orgulloso de ti, hijo."*

Son muchas las cosas que entran en juego en la relación entre un padre y su hijo. ¿Se le ocurre algún tema que no haya sido resuelto entre su esposo y el padre de él?

CÓMO PUEDE AYUDAR A SU ESPOSO

Recientemente le conté a un hombre la historia de cómo mi padre y yo nos abrazamos y nos dijimos: "Te amo." Conmovido, decidió hacer lo mismo con su padre. A decir verdad, ya habían programado un tiempo que pasarían juntos.

Una semana más tarde, me dijo: "¡Fue increíble! Tengo cuarenta años, pero mi padre ni siquiera una vez me ha expresado su afecto, ya sea de manera física o verbal. De modo que me acerqué a él, le di un abrazo de oso y le dije: "Papá, te amo." ¡Quedó aturdido! Se balanceó hacia atrás, sin poder pronunciar palabra. Sentí que se me levantaba un peso de encima. Creo que en realidad lo valoró. Lo amo de verdad."

Si su esposo tiene algún tema no resuelto con su padre que ha sido causa de dolor para él mismo, para usted o para sus hijos, aliéntelo a procurar paz y reconciliación.

Quizá pudiera sugerirle que leyera: "Un pensamiento dirigido a los esposos", que sigue a continuación. Tal vez hasta desee leer todo el capítulo.

Sea tierna con él. Si bien por un lado puede anhelar ir en busca de la aprobación de su padre, por otra parte a menudo un profundo resentimiento o el temor a ser herido otra vez puede refrenarlo. Sin embargo, el corazón de Cristo desea el perdón y la reconciliación. Anímelo. Si lo intenta y fracasa, no se sentirá peor de lo que ya se siente. Aunque, según mi experiencia, los padres lo desean tanto como sus hijos.

La manera en que recordamos a "papá" da forma a la fuerza motivadora silenciosa de gran parte de nuestro comportamiento.

Si el padre de su esposo no constituyó un buen ejemplo como padre, estimule a su esposo para que realice una distinción entre su opinión de Dios, su perfecto Padre celestial, y la de su padre terrenal, proclive a cometer errores. Anímelo a estudiar el carácter y los atributos de Dios, su Padre, y no atribuirle a Dios los errores de su propio padre.

UNA REFLEXIÓN PARA LOS ESPOSOS

Durante años, una mujer expresó su frustración por la forma en que su esposo exigía que lo atendiera como si fuera una sirvienta. Todo se le aclaró cuando pasaron un fin de semana largo con los padres de él. Observó que su esposo la trataba tal como el padre de él trataba a su madre.

Cada una de las interacciones que nosotros, los hombres, tuvimos con nuestro padre, se convirtió en un hilo de la trama del hombre que hoy somos. Haya sido buena, mala o ninguna, la relación con nuestro padre genera un zumbido de fondo como el gigantesco campo de fuerza de un electroimán que, de manera silenciosa o ruidosa, nos atrae hacia él. La manera en que recordamos a "papá" da forma a la fuerza motivadora silenciosa de gran parte de nuestro comportamiento.

Usted y yo aprendimos, o no aprendimos, de nuestros padres las lecciones más esenciales de la vida: Qué significa ser hombre, cómo tratar a una mujer, la ética laboral, el sentido común, un sistema de valores, la integridad y una herencia espiritual.

A menudo, nuestra manera de percibir a nuestro padre terrenal da forma a nuestra manera de ver a Dios, nuestro Padre celestial. Algunos padres aman a sus hijos en forma incondicional, pero otros son severos y exigentes. Es lamentable. Algunos hombres tienen ideas tan horribles cuando oyen la palabra "padre", que les resulta difícil relacionarse con Dios.

A diferencia de los frágiles padres de carne y hueso, Dios es un padre absolutamente perfecto. Si su padre terrenal lo desilusionó, no traslade dicha desilusión a su Padre celestial. Tome la iniciativa de desarrollar una visión bíblica de lo que significa tener un Padre celestial. Apropiarse de esto equivale a encontrar la libertad para perdonar, el entendimiento para asemejarse más a Dios en su propia tarea como padre y el poder de amar de verdad.

Cuanto más he aprendido a reverenciar a Dios, más lo considero como el Padre perfecto.

En lo personal, el estudio de los atributos y del carácter de Dios le ha dado una riqueza a mi vida espiritual que me ha llevado a profundidades y alturas de entendimiento que nunca imaginé posibles. Cuanto más he aprendido a reverenciar a Dios, más lo considero como el Padre perfecto.

Todos anhelamos escuchar esas palabras liberadoras y edificantes: "Hijo, estoy orgulloso de ti." Es posible que nuestro padre terrenal nunca llegue a pronunciarlas. Sea que lo haga o no, analice cómo la relación con su padre está dando forma a la relación con su esposa, tanto positiva como negativamente, respondiendo a las siguientes preguntas:

1. ¿En qué aspectos se convirtió en alguien parecido a su padre? Mencione un ejemplo. ¿En qué aspectos se diferencia de él? Mencione un ejemplo.

2. Describa la herencia que su padre le legó usando un máximo de cinco palabras. ¿Qué legado le está dejando a sus hijos? ¿Hasta qué punto repite las cosas buenas que su padre le inculcó? Mencione un ejemplo. ¿Hasta qué punto repite los errores y pecados de su padre? Mencione un ejemplo.

3. Ningún padre es perfecto. Como resultado de las presiones ejercidas sobre él, es posible que su padre haya dejado un rastro de relaciones rotas y sentimientos heridos. Si su padre lo hirió, ¿ha llegado el momento de perdonar y avanzar para romper el ciclo de errores del pasado? Dígale que lo ama. Abrácelo. Tome la iniciativa en la relación. Si esto no es posible, ¿cómo puede el hecho de acudir a su Padre celestial tapar los agujeros que dejó su padre terrenal?

4. Tarea: Mañana por la noche dígale a su esposa dos cosas sobre su padre —una buena y otra no tan buena— que considera que continúan influyendo sobre su conducta actual. Si debe pedirle disculpas por algo, hágalo. Ahora, entiérrelo y siga adelante. Considere a Dios como su verdadero Padre.

Dos

Trascendencia

¿Qué quiere su esposo?

Un vendedor trabaja incansablemente doce horas al día, seis días a la semana y durante ocho semanas para ganar un concurso de ventas con el fin de poder estar de pie durante quince segundos en un estrado ante sus pares para recibir una placa, que colgará en su pared, para que se llene de polvo. Cuando cambie de empresa, llevará su placa con él y, si bien nunca la volverá a colgar, tampoco se deshará de ella.

¿Qué necesidad intenta satisfacer este vendedor?

Cuando era un joven y ambicioso empresario, un día regresé a casa del trabajo, cerré la puerta del garaje, caminé hacia el muro y durante varios minutos lo pateé con la suela de mi zapato. De alguna manera intentaba purgar la frustración interna por encontrar el éxito y sentir que en realidad no tenía ninguna importancia para nadie.

Otro día, antes de ir a trabajar, mientras recorría la habitación de lado a lado frente a mi esposa Patsy, renegaba y despotricaba, intentando expulsar la angustia que me carcomía por dentro. Cuando la miré, observé que por sus mejillas rodaban grandes lágrimas. No sollozaba. Simplemente estaba sentada allí tratando de soportarlo "como un hombre". Intenté desviar la vista, pero no pude. Estaba paralizado. Luego de mirarme fijamente durante una breve eternidad, me preguntó: "Pat, ¿hay algo de mí que te guste?"

En cuanto esas palabras agudas punzaron el absceso de mi alma, retrocedí en estado de choque, me dirigí lentamente a mi oficina donde me quedé mirando por la ventana y pensé: "¿Qué te sucedió, Morley? ¡Querías que tu vida contara, que tuviera trascendencia! Querías que tu vida tuviera algún impacto, que aportara algo, que tuviera sentido y propósito, hacer algo, ser alguien, sentirte importante. Pero no eres más que un Don Nadie sin rumbo." Y era cierto.

> *Todo esposo procura alcanzar el mismo objetivo final: quiere experimentar alegría en su vida.*

¿Qué necesidad insatisfecha pudiera hacer que un hombre se sintiera tan desesperado como para patear una pared y decirle a su esposa cosas que un hombre nunca debiera pronunciar?

¿QUÉ QUIEREN LOS HOMBRES?

Blaise Pascal escribió: "Todos los hombres buscan la felicidad. Sin excepción alguna... Esta es la motivación de toda acción de todo hombre, incluso de los que se ahorcan."[1]

Víctor Frankl, un sobreviviente de los campos de concentración nazi, dijo: "La búsqueda del sentido de la vida es la principal motivación del hombre."[2] Es una manera de expresar con otras palabras, lo que dijo Pascal.

Todo esposo procura alcanzar el mismo objetivo final: quiere experimentar alegría en su vida. Se puede llamar de muchas maneras: felicidad, éxito, satisfacción, plenitud, alegría, placer, disfrute, deleite, trascendencia, propósito y significado. Estas ideas son urdimbres de un mismo paño.

La pregunta es: "¿Cómo consigue un hombre este placer, esta plenitud?" La vida de un hombre consta de sus *re-*

laciones y de sus *tareas*. Para los hombres, las relaciones de suma importancia son las que tienen con Dios, con su esposa y con sus hijos.

LA MAYOR NECESIDAD DE UN HOMBRE

Luego de su relación con Dios y con su familia, ¿qué otra cosa hace que su esposo se levante de la cama por la mañana?... ¿Qué lo hace feliz? ¿Cómo se siente satisfecho?

Además de una segunda taza de café, su esposo anhela que su vida tenga sentido, que tenga trascendencia. En el corazón de todo hombre bulle un deseo intenso de "hacer", de dominar su mundo, de dar forma al curso de los hechos. Su esposo se creó para esa tarea, pero no meramente la tarea por la tarea en sí, sino una tarea con significado.

En el corazón de todo hombre bulle un deseo intenso de "hacer", de dominar su mundo, de dar forma al curso de los acontecimientos.

Preste atención entre líneas a los anhelos que se expresan en los resultados de una encuesta en la que solicitamos a algunos hombres que completaran la siguiente oración: "En sentido general, mi mayor necesidad es _____."

- Llevar una vida que tenga propósito
- Hacer algo relevante
- Experimentar un sentimiento de valía
- Encontrar un empleo más trascendente
- Tener un valor en la vida
- Sentir que estoy aportando algo a la vida
- Ser utilizado por Jesús día tras día
- Crecer y desarrollarme todos los días de mi vida
- Mantenerme centrado en el plan que Dios tiene para mi vida
- Vivir el resto de mi vida para la voluntad de Dios

En el corazón de todo hombre arde un intenso deseo de llevar una vida que tenga sentido. La necesidad más innata del hombre es la de lograr relevancia: encontrarle significado y propósito a la vida, trascender, lograr algo con su vida.

En la película "Carrozas de fuego", Eric Liddell intenta ganar una medalla de oro por correr en las Olimpíadas. Sin embargo, su hermana Jenny quiere que regrese al campo misionero en China. En una famosa escena que tiene lugar en las tierras montañosas de Escocia, Eric toma a Jenny por los hombros y le dice: "Jenny, Jenny, sé que Dios me ha hecho para un propósito, para ir a China. Pero también me ha hecho veloz y, cuando corro, siento el placer de Dios."

> *La necesidad más innata del hombre es la de lograr relevancia: encontrarle significado y propósito a la vida, trascender, lograr algo con su vida.*

Su esposo "siente el placer de Dios" cuando emplea sus habilidades naturales, el desarrollo de su idoneidad y sus dones naturales. Se siente satisfecho al encausar sus esfuerzos a una causa útil.

Los hombres lo expresan de formas diferentes: "Quiero que mi vida cuente, que tenga trascendencia, que cause impacto, que esté llena de significado, que tenga un propósito... contribuir, hacer algo importante con mi vida, vivir una vida trascendente."

No quiere ser solo una muesca más en el cinturón de la historia. No quiere ser una estrella fugaz que desaparece una noche a medio camino mientras atraviesa el cielo.

Este fuerte anhelo no solo motiva a los grandes ejecutivos sino a todos los hombres. Michael Novak, en su libro *Business as a Calling* [La actividad empresarial como vocación], dice:

> Pertenecer a la gerencia media no es principalmente un paso intermedio en el camino hacia la cima. Es probable que todos deseen primero probarse en

cuanto a la posibilidad de lograrlo. Pero, desde un punto de vista realista, la mayoría de los gerentes de nivel intermedio esperan ... permanecer en dichas funciones hasta jubilarse. La gerencia media, algo que muchos se dan cuenta desde el principio, es su vocación. Su deseo es lograr un excelente desempeño en dicha posición. Quieren hacer un aporte significativo. Y por sobre todo, necesitan saber en su interior que lo lograron.[3]

La ambición por conquistar, lograr y destacarse ha impulsado al ser humano desde que ese primer hombre de Neandertal asomara la cabeza fuera de su acogedora cueva y se preguntara cómo poder aprovechar ese relámpago o cavar una fosa junto a su caverna para recoger el agua de lluvia.

Hoy día, el cuerpo congelado de George Mallory yace en una tumba helada en algún sitio próximo a la cima del Everest. Cuando en una ocasión se le preguntó por qué quería conquistar la tentación más alta del mundo, George Mallory respondió con estas famosas palabras, poéticas, pero a la vez perturbadoras: "Porque está allí." Los hombres no necesitan ninguna otra explicación para comprender qué quiso decir Mallory.

¿QUÉ HACEN LOS HOMBRES PARA SATISFACER SU PRINCIPAL NECESIDAD?

¿Qué hacen los hombres para satisfacer esta necesidad de trascender? Un hombre que conozco piensa que lo hará volviéndose económicamente independiente. El deseo de producir suficiente dinero como para sentirse seguro le consume cada momento en que está despierto. Sin embargo, pudiera jubilarse hoy y no tener que volver a trabajar nunca más.

A otro hombre que conozco lo impulsa el deseo de construir una empresa de gran envergadura y de excelente reputación. La esperanza de alcanzar prestigio y respeto mediante el éxito comercial motiva silenciosamente sus acciones. Quiere ser "alguien". Tiene en mente llegar a ganar una cifra muy elevada que, para él, significará haber logrado el éxito.

Un hombre hallará "valores" en muchos aspectos de su vida. Sin embargo, no se sentirá completamente satisfecho a no ser que encuentre significado y propósito en su trabajo.

Un hombre me dijo: "Personalmente, alcanzaré relevancia cuando llegue a ser gerente financiero de una mediana empresa."

Hay quien se dedica por completo a lograr una buena reputación como orador. Destina horas y horas a las prácticas de su disertación y estudia a otros oradores a fin de obtener pistas que lo lleven a alcanzar la excelencia.

Un hombre que conozco se siente satisfecho dedicándose a criar a sus hijos. Actualmente están todos casados y tiene cuatro de los jóvenes más sobresalientes de entre veinte y treinta años que uno puede llegar a conocer.

En cambio, otro hombre encuentra su trascendencia y su propósito dedicándose por completo a trabajar en su iglesia. Es diácono, maestro de la Escuela Dominical y portero. Cada vez que se abren las puertas de la iglesia, está allí.

En resumen, para sentirse satisfechos los hombres procuran lograr excelencia o destreza en algún campo, ya sea carpintería o computación, en plomería o en contaduría.

Un hombre hallará "valores" en muchos aspectos de su vida: con su Dios, su esposa, sus hijos, su trabajo o con la utilización plena de sus dones y sus capacidades. Sin embargo, no se sentirá completamente satisfecho a no ser que encuentre significado y propósito en su trabajo.

DIFERENCIAS ENTRE LOS HOMBRES

Podemos estar totalmente seguros de lo siguiente: los hombres se crearon para cumplir su trabajo; los hombres procurarán lograr trascendencia; los hombres escalarán montañas. Sin embargo, lo que diferencia a los hombres es su forma de satisfacer su necesidad de trascendencia.

El tema no está tan relacionado con *qué* hacen en realidad los hombres, sino con el *porqué* hacen lo que hacen. ¿Cuál es el motivo subyacente al esfuerzo? Los hombres pueden intentar alcanzar una vida trascendente de manera *adecuada* o bien *inadecuada*.

Si la motivación de un hombre es que las personas piensen que es maravilloso o genial (porque tiene una buena posición, poder, dinero, buena apariencia física, un excelente trabajo, porque escribe libros de éxito, habla bien, tiene hijos maravillosos, se rodea de "buenas" personas, etc.), está procurando trascender de un modo que exalta su yo.

> *A partir del gozo de su gratitud respecto de las bendiciones de Dios, desea "hacer" algo como expresión de su gratitud hacia Dios.*

Si, por otra parte, un hombre hace lo que hace debido al gozo que le brinda su relación personal con Jesús, todo proviene de la gratitud por lo que Dios ya realizó y está realizando en él. No lo motiva alguna meta elusiva que considera (erróneamente) que lo satisfará.

Veamos la situación de dos hombres, Bob y Jim, ambos vendedores de seguros. Bob, padre de tres hijos, quiere que su vida tenga sentido, pero como *respuesta* a su entendimiento de lo que Dios ya hizo por él a través de Cristo. Desea hacer algo con su vida, no para *lograr* relevancia, sino porque se da cuenta que Dios ya lo hizo trascendente.

Cuando medita sobre todo lo que Dios hizo y está haciendo por él, siente una enorme gratitud dentro de su corazón de cuarenta y dos años por la gracia de Dios. Su trabajo es su vocación, goza de buena salud y su matrimonio es sólido como una roca. Recientemente perdió dos cuentas importantes, pero Bob sigue manteniendo la fe.

Por ende, a partir del gozo de su gratitud respecto de las bendiciones de Dios, desea "hacer" algo como expresión de su gratitud hacia Dios. Va en pos de su importancia de una manera adecuada. Se siente agradecido por sus capacidades y actúa dentro de su *zona de comodidad*.

Por otra parte, Jim, el embestidor, siempre lucha por conseguir alguna meta insaciable que, equivocadamente, cree que lo satisfará. Piensa: "Si solo pudiera lograr *ese* objetivo o *esa* meta, me sentiría satisfecho." Considera que si pudiera ganar esa cantidad de dinero, conseguir ese empleo, vivir en un vecindario en particular, obtener un buen ascenso, que su foto aparezca en los periódicos o unirse al club de campo adecuado, se sentiría halagado.

Jim quiere tener una vida de trascendencia, pero siempre piensa al respecto como algo que todavía no logró. Para él es algo elusivo, algo que siempre está fuera de su alcance. Independientemente de lo que logre, no se siente feliz. En su insatisfactoria búsqueda de relevancia se compromete a hacer cada vez más y más hasta que termina en una *zona de presión* cargado de deudas y obligaciones.

Bob busca sentirse complacido de la manera debida, motivado por la gratitud hacia lo que Dios ya hizo. Jim busca sentirse satisfecho de la manera indebida, con la esperanza de que algún día llegue a tener bastante dinero, haga sobradas buenas acciones y reciba el suficiente reconocimiento de sus pares para poder satisfacer el anhelo que siente de trascendencia y propósito.

CÓMO ENCONTRAR FELICIDAD Y TRASCENDENCIA

El mayor anhelo de su esposo es sentir que su vida tuvo cierto sentido. Puesto que los hombres se crearon para amar su trabajo, por lo general las carreras que aman, los consumen.

Sin embargo, en última instancia, para lograr un éxito que tenga relevancia para su esposo se requiere equilibrar una serie de prioridades con relación a su vocación.

Si su esposo camina con Dios, sabe lo que debe hacer, pero a veces necesita que se lo recuerden.

Los hombres que entrevistamos a los fines de este libro comprenden cuáles debieran ser sus prioridades. Quieren que su esposa sepa que ellos lo saben. Por supuesto, cuán bien lo aplican los esposos es otro asunto, tema que ocupará gran parte de este libro. Pasemos a introducir brevemente las principales prioridades que los esposos deben tener para encontrar verdadera trascendencia y felicidad.

> *Puesto que los hombres se crearon para amar su trabajo, por lo general las carreras que aman, los consumen.*

Su Señor

Ben, un adicto al trabajo, escaló rápidamente los cargos de su empresa contable. Como socio auditor, viajaba mucho y permanecía lejos de su familia durante varias semanas a la vez. Su trabajo era la principal fuente de trascendencia en su vida.

Finalmente, el trabajo lo llevó a tener problemas de salud y se vio obligado a jubilarse a los cincuenta y dos años de edad. Durante las semanas, meses y años posteriores a su retiro, ninguna persona de su oficina lo volvió a llamar para saber cómo estaba.

Comenzó a sentir resentimiento por haber brindado los mejores años de su vida a personas que ni siquiera se interesaban lo suficiente como para ponerse en contacto con él y ver cómo se adaptaba a su nueva vida. Empezó a trabajar desde su casa como contador independiente para evitar volverse loco. Un día, Ben terminó una auditoría, se encaminó al baño, tuvo un ataque al corazón y cayó redondo en el piso de baldosa, donde murió solo, un hombre resentido, quebrantado y sin amigos.

En el libro de Eclesiastés, Salomón escribió algunas de las palabras más exquisitas y sabias de la literatura que se hayan concebido. El mensaje de Eclesiastés es claro: Alejado de Dios, la vida no tiene significado alguno.

Sin embargo, Salomón no puso en práctica la sabiduría, sino la insensatez de Eclesiastés. Confundió sus prioridades. Fue tras otros dioses. Luego de una vida de logros, la Biblia dice: "Y cuando Salomón era ya viejo, sus mujeres inclinaron su corazón tras dioses ajenos, y su corazón no era perfecto con Jehová, su Dios" (1 Reyes 11:4). Al parecer, Salomón murió siendo un hombre resentido y quebrantado.

Como esposos, no podemos hallar verdadera trascendencia si estamos alejados de Dios.

Su esposa

> *Como esposos, no podemos hallar verdadera trascendencia si estamos alejados de Dios.*

Un abogado llevó a su esposa a cenar y, al entrar al restaurante, le sostuvo la puerta para que pasara. Luego les contó, divertido, a sus amigos: "Estaba cumpliendo con mi mayor grado de utilidad." Bromeaba, pero también expresaba una profunda comprensión de cuán importante es que el esposo honre y respete a su esposa.

Un hombre dijo: "La cosa más importante que he aprendido es que debo convertir a Dios en mi principal prioridad. Luego, después de Dios, pero antes que nadie, mi esposa debe ser mi siguiente prioridad. Ahora honro a mi esposa. Esto me permitió dar a conocer un aspecto de ella que nunca había conocido. Ha sido maravilloso."

Como esposos, no podemos encontrar verdadera relevancia y felicidad a no ser que nuestro compromiso de amar, halagar y cuidar a nuestra esposa ocupe un lugar preponderante en nuestro pensamiento.

Sus hijos

Steve quería ingresar en el negocio de transporte terrestre. Compró un camión y comenzó a realizar pequeñas tareas en la ciudad. A fin de consolidar su posición, se iba de su casa todas las mañanas antes de que se despertaran los niños y regresaba cuando ya dormían. Una noche, cuando su esposa estaba acostando a su hijo de tres años y medio de edad, el niño se sentó en la cama y le preguntó: "Mamá, ¿dónde vive papá?"

Esa noche, más tarde, cuando Steve regresó a su hogar, su esposa le contó lo sucedido. Al principio se rió, pero luego se puso serio. Se dio cuenta de que estaba confundiendo los "medios" y el "fin". Al principio, comenzó su actividad como un "medio" para lograr el "fin" de sustentar a su familia y satisfacer sus necesidades.

Steve advirtió que en algún punto, el negocio se había convertido en el "fin" y que inconscientemente había permitido que su familia fuera el "medio". Utilizaba a su familia para que lo ayudara a alcanzar sus metas laborales, en lugar de utilizar su trabajo para ayudarlo a lograr las metas de su familia. Decidió reorganizar sus prioridades. Le llevó dos años, pero lo hizo. Ningún tipo de éxito laboral puede compensar los fracasos en el hogar.

El primo de mi esposa es pastor. Cuando se casó su hijo, estuvo a cargo de la ceremonia. Sonrió feliz ante los amigos que estaban presentes y luego formuló la siguiente pregunta: "¿Dónde fue a parar el tiempo?"

Como padres, no podemos encontrar la trascendencia que deseamos si no contamos con el tiempo suficiente para estar con nuestros hijos. Les enseñamos a los hombres lo siguiente: "Si no tiene tiempo suficiente para dedicarle a sus hijos, puede estar ciento por ciento seguro de que no está siguiendo la voluntad de Dios respecto de su vida." Las relaciones generan responsabilidades. El tiempo lo es todo en una relación. Es importante que dediquemos el tiempo a quien corresponde.

Su vocación

Estoy seguro de que ha conocido socialmente a hombres que parecerían ser muy comunes, pero que lo sorprendieron al enterarse de que son bastante dinámicos en su profesión. Una conversación con cualquier hombre en la que se produce un intervalo de silencio se puede activar haciéndole una pregunta sobre su trabajo.

El hombre es un trabajador. El hombre está hecho para trabajar. Los hombres se crearon para esa tarea. Cuando

Marianne se enfermó gravemente en la película *Sense and Sensibility*, el Coronel Brandon, desocupado y de clase alta, quien la amaba profundamente, dijo: "¡Denme algo para hacer o enloqueceré!"

Cuando mi hermano menor, Robert, murió trágicamente, me fui del funeral directo al trabajo. Una secretaria del área contable trajo unos papeles a mi oficina y dijo: "Se ve pálido. ¿No debiera irse a su casa?"

"Gracias, pero en este momento es aquí donde debo estar", respondí.

En lo profundo de todo hombre bulle un deseo intenso de "hacer". Como esposos, no encontraremos un propósito y un significado duraderos a no ser que realicemos un trabajo que nos satisfaga.

LO QUE ESTÁN DISPUESTOS A SACRIFICAR LOS HOMBRES

Cuando el rey David se enteró de que Betsabé estaba encinta, se encargó de hacer traer a su esposo, Urías, del campo de batalla, para que durmiera con su esposa y así quedar a salvo. Cuando Urías apareció, David lo envió a su hogar. Urías, en cambio, durmió a la puerta del palacio. Al día siguiente, David lo mandó llamar y le preguntó: "¿Por qué, pues, no descendiste a tu casa?"

En 2 Samuel 11:11 encontramos una característica reveladora de los hombres. En este pasaje Urías dijo: "El arca e Israel y Judá están bajo tiendas, y mi señor Joab, y los siervos de mi señor, en el campo; ¿y había yo de entrar en mi casa para comer y beber, y a dormir con mi mujer? Por vida tuya, y por vida de tu alma, que yo no haré tal cosa."

En otras palabras: "¿Cómo podría estar con mi esposa sabiendo que mis compañeros me necesitan? ¿Cómo podría pensar en mi vida personal cuando mis colegas trabajan horas extra?"

¿A qué se refería Urías? El asunto es el siguiente: ¿Por qué se sacrificaría un hombre y qué cosas sacrificaría?

En primer lugar, ¿qué motivaría a un hombre a sacrificarse? Si un hombre debe sacrificar algo, por lo general lo último que sacrificaría es su trabajo. El siguiente es un axioma que se aplica a la forma en que viven los hombres: *Cuanto mejor es el hombre, más leal es a su trabajo.*

En segundo lugar, ¿qué otra cosa que no sea su trabajo están dispuestos a sacrificar los hombres? Por lo general, un hombre sacrificará su familia antes que su carrera. Tenderá a darle prioridad a su trabajo por sobre su familia. ¿Y esto a qué se debe? Creo que la mayor parte de los hombres ha definido equivocadamente lo que significa ser un proveedor. Consideran que "proveer" es básicamente una responsabilidad económica: las necesidades físicas y materiales de dinero, un techo, vestimenta, alimentos, seguro del automóvil, educación y demás.

> *Si un hombre debe sacrificar algo, por lo general lo último que sacrificaría es su trabajo.*

Es evidente que algunos esposos deben volver a pensar en el significado de la palabra "proveedor". Un proveedor satisface las necesidades de su familia, cualesquiera que sean: materiales, físicas, emocionales o espirituales.

Solo por curiosidad, ¿por qué se sacrificaría su esposo y qué cosas sacrificaría?

SU ESPOSO

¿*C*uáles de las siguientes descripciones se adecuan mejor a su esposo?

Su esposo intenta sentirse importante como es debido. Encontró su vocación. Trabaja y actúa a partir del sentimiento de gratitud por todo lo que Dios ya hizo por él. Tiene control sobre todas sus prioridades. Agradezca a Dios por tener este esposo.

Su esposo procura lograr trascendencia de la manera equivocada. Sus motivaciones son indebidas. Está confundido. Desea estar de pie en una plataforma con el objeto de recibir honores que erróneamente considera que lo harán sentirse feliz. Tiene una capacidad que Dios le otorgó, pero vive de acuerdo a sus propias motivaciones. Aliente a este hombre a pensar con mayor profundidad sobre su vida, tal vez leyendo este capítulo.

Su esposo se dio por vencido. Alguna vez quiso encontrar relevancia, pero eso sucedió hace mucho tiempo. Quizá su padre le dijo: "Nunca llegarás a nada. Eres un estúpido." Cuando oye hablar a un joven sobre sus sueños, piensa: "Una vez yo también tuve un sueño. Se murió cuando no le importó a nadie." Su amor incondicional, su apoyo y su respeto pueden ayudarlo a sanar sus heridas.

Su esposo sigue en la búsqueda. Todavía no ha encontrado lo que busca, pero no se da por vencido. Tal vez tenga el trabajo equivocado. Quizá usted debiera alentarlo a encontrar un trabajo que pueda amar. ¿Qué le haría "sentir el placer de Dios"?

¿DE QUÉ MANERA PUEDE AYUDAR A SU ESPOSO?

Todos tienen una enorme necesidad. Las esposas tienen una enorme necesidad. Los niños tienen una enorme necesidad. Los esposos tienen una enorme necesidad.

Esposas: piensen por un instante con cuánta intensidad perciben sus propias necesidades grandes. Tal vez se trate de la necesidad de lograr un nivel de intimidad o de seguridad con su esposo. Cualquiera que sea, su esposo percibe su gran necesidad con la misma intensidad que percibe usted su propia necesidad. Se siente motivado por esa gran necesidad tal como usted se siente motivada por la suya. ¿Cuál es la necesidad que motiva a su esposo?

En última instancia, todos (esposos, esposas y niños por igual) queremos ser felices, sentirnos satisfechos, halagados y contentos. Envíe señales positivas a su esposo comunicándole que entiende cuál es su mayor necesidad, que la valora y que quiere ser su compañera para ayudarlo a satisfacerla. Esto lo alentará enormemente.

Todo lo que nos apasiona también puede llevarnos a exagerar las cosas. En el juego de la vida, lo más seguro es que, en algunas ocasiones, su esposo se deje llevar por su trabajo o por otros intereses donde "sienta el placer de Dios". Cuando lo haga, sin que necesariamente tenga la intención de hacerlo, echará a un lado otras prioridades. Recuérdele con amor cuáles son.

En realidad, desea hacer lo bueno. Y ore por él para que encuentre una vida de trascendencia, propósito y significado.

Ore por su esposo para que encuentre una vida de trascendencia, propósito y significado.

UNA REFLEXIÓN PARA LOS ESPOSOS

Dentro del corazón de todo hombre late un intenso deseo de llevar una vida de mayor trascendencia. La necesidad más innata del hombre es la de trascender: encontrarle significado y propósito a la vida, marcar una diferencia, lograr algo con su vida.

Todos los hombres desean tener una vida de relevancia. En realidad, lo que nos diferencia a unos de los otros es cómo procuramos lograr dicha relevancia.

Podemos hacerlo de un modo debido o indebido. La diferencia no reside tanto en qué hacemos, sino en por qué lo hacemos, o sea, lo que nos motiva. ¿Considera que ha procurado trascender de manera debida? Tal vez, para meditarlo con mayor profundidad desee leer este capítulo.

Por último, para lograr un éxito que realmente tenga importancia, todos debemos equilibrar nuestro deseo de éxito en el campo laboral con nuestras otras prioridades, es decir, Dios, nuestra esposa y nuestros hijos.

Tres

Obstáculos

¿Qué perturba a su esposo?

Recientemente, una esposa me contó que le estaba costando descubrir cómo ofrecerle apoyo a su esposo. Él amaba su trabajo. En ocasiones, durante largos períodos, trabajaba doce horas al día. Luego, de repente se producía un cambio en su actitud y quedaba deprimido durante meses. "¿Qué es lo que quieres?", le preguntaba. Él no podía articular una respuesta.

En esa oportunidad, me dijo: "Puedo plasmar esos ciclos en un papel. Son totalmente previsibles. Simplemente, ya no sé qué hacer por él. Tiene mucho éxito. Trabaja en lo que siempre quiso. Tenemos un maravilloso hogar y dos hijos hermosos. ¿Cuál es su problema?"

> *¿Cómo es posible que un hombre logre exactamente lo que desea y no se sienta feliz?*

¿Cómo es posible que un hombre logre exactamente lo que desea y no se sienta feliz? Esa es una de las preguntas que exploraremos en este capítulo.

OBSERVACIONES SOBRE CÓMO LES VA A LOS HOMBRES

Hoy día, muchos hombres sufren. Sus carreras no armonizan con lo que pensaban o, lo que es peor aun, *sí armonizan*.

En la mayoría de los casos, el matrimonio no marcha como debiera. La esposa se siente desilusionada, la rutina reemplazó al romanticismo y la comunicación se agotó. Donde antes hubo amistad, ahora hay una tregua.

Sus hijos parecen no valorar las cosas y están hundidos hasta el cuello en problemas económicos.

Si pudiera realizar una sola observación sobre los hombres de hoy día, diría que están cansados, mental, emocional, física y espiritualmente.

Si pudiera realizar una sola observación sobre los hombres de hoy día, diría que están cansados, mental, emocional, física y espiritualmente. Cansados de la vida. Cuando digo esto en nuestros seminarios para hombres, provoca una respuesta mayor que cualquier otra cosa que diga. Muchas cabezas asienten, mientras que otras se inclinan en un gesto de desaliento.

Los hombres no solo están cansados, sino que con frecuencia tienen la sensación persistente de que algo no anda bien en su vida. Un hombre y yo conversábamos en un avión sobre los desafíos que enfrentan en la actualidad los hombres. Me dijo: "¿Sabe? No lo entiendo. Tengo tres veces más éxito desde el punto de vista económico que lo que mi padre soñó llegar a ser alguna vez. Pero siento esta duda punzante de que en algún punto perdí el rumbo."

En muchas ocasiones, la vida de los hombres no tiene el resultado que planificaron que tuviera. Para Johnny Oates, gerente general del equipo de béisbol "Texas Rangers", lo más importante de la vida era lograr un alto nivel dentro de la liga.

Dijo: "El béisbol ocupaba la mayor parte de mi tiempo. Luego la prensa. Luego los admiradores. Mi esposa y los hijos estaban en la mitad inferior de la lista. La primera cosa que pensaba cada mañana era qué estrategia utilizaría en el campo de juego. ¿Quién batearía en quinto lugar? ¿Quién se había lastimado? Si al equipo le iba mal, ¿qué podía hacer yo?"[1]

Johnny dijo: "Había abandonado emocional, física y espiritualmente a mi familia por espacio de quince años. Tenía una amante. Mi amante era el béisbol."

Un día, su esposa y su hija estaban conduciendo hacia el campo para ver uno de sus partidos. Se quedaron a pasar la noche en un motel. Su esposa se despertó en medio de la noche con un ataque de pánico. Su hija intentó ayudarla, pero las cosas empeoraron. Finalmente, su hija le dijo: "Mamá, voy a llamar a papá."

Su esposa respondió: "Cariño, ¿acaso no lo sabes? El béisbol no se detiene ni siquiera ante la muerte."

Johnny dijo: "Esa fue mi llamada de atención. No asistí a los siguientes cinco partidos para estar en casa con Gloria mientras se recuperaba. Tenía invertidas mis prioridades. Ahora estamos en el proceso de poner las cosas en su lugar."

TODO SE DESMORONA Y A NADIE LE IMPORTA

Muchos esposos intentan poner buena cara al mismo tiempo que su vida se desmorona. En cierta ocasión entablé una nueva relación comercial con un hombre que requería que lo llamara cada seis meses para llegar a un acuerdo.

La primera vez que lo llamé, le dije:

—Hola, Tom, ¿cómo te va?

—¡Perfecto, absolutamente perfecto! —dijo.

Como tú digas, pensé y luego seguí hablando de negocios.

Seis meses más tarde volví a llamarlo y le pregunté:

—Hola, Tom, ¿cómo te va?

—¡Perfecto, Pat! ¡Todo va maravillosamente bien!

Sí, seguro. Te creo, pensé y continué con la segunda etapa de nuestra transacción. Sin embargo, comencé a pensar sobre sus respuestas estereotipadas.

Al cabo de seis meses lo volví a llamar para finalizar nuestra operación.

—Hola, Tom, habla Pat. ¿Cómo te va?

—¡Perfecto, absolutamente perfecto!

Puesto que había estado pensando en nuestras conversaciones superficiales anteriores, dije:

— Tom, creo que no entiendes lo que te pregunto. No te estoy preguntando solo cómo te va. Me interesa saber cómo te va *realmente.*

—Ah —dijo seguido de una densa pausa de cinco segundos. *Mil, dos mil, tres mil, cuatro mil, cinco mil...*

—Pues, bien —dijo.

Luego Tom se lanzó con un monólogo de treinta minutos —en ningún momento se detuvo para tomar aliento, ¡ni una sola vez!— en el que describió uno de los tipos de problemas comerciales más terribles y tortuosos que cualquier hombre pudiera llegar a soportar. Lo más interesante de todo esto es que este problema lo venía sufriendo durante todos los meses en los que hablábamos por teléfono, mientras decía:

—¡Perfecto, absolutamente perfecto![2]

A menudo, a los hombres les parece que a nadie le importa lo que les sucede. Algo semejante a lo anteriormente descrito se repite todos los días en la vida de la mayoría de los hombres. No cuentan a los demás cómo les va *en realidad* porque creen que nadie querrá escuchar su respuesta. En efecto, la mayoría de la gente no querrá hacerlo. Esas personas están tapadas hasta el cuello con sus propios problemas.

Para muchos hombres, el manejo de su vida ha llegado a parecerse a intentar atar dos trozos de cordel cuyo largo no basta. Tienen el largo suficiente para tocarlos, para manipularlos y para crear la esperanza de que pueden atarse, pero simplemente no tienen el largo que hace falta para hacer un nudo. Por poco... pero no alcanzan.[3]

¿Cuál es el resultado? Se sienten abrumados por una gran insatisfacción. Como dijo Thoreau: "La masa de hombres lleva una vida de silenciosa desesperación." Con frecuencia se sienten frustrados, desalentados, desilusionados, confundidos, temerosos del futuro, solos y llenos de culpa por las malas decisiones que tomaron. Se sienten intranquilos. Se preguntan: "¿Esto es todo?" Piensan: "Debe haber más en la vida, tiene que haberlo."

"LA ENFERMEDAD DEL ÉXITO"

*L*ee Atwater tenía dos metas: dirigir una campaña presidencial triunfadora y llegar a encabezar el Partido Republicano. Tuvo a cargo la victoriosa campaña de George Bush en 1988 y al poco tiempo lo nombraron presidente del Partido Republicano.

En marzo de 1990 le diagnosticaron un tumor cerebral inoperable. Antes de morir, Atwater —que comenzó a escribir notas de disculpa a sus enemigos políticos— le dijo al columnista Cal Thomas: "Encontré a Jesucristo. Así de simple. Cambió mi vida y estoy feliz de haberlo hallado mientras todavía me resta algo de vida." El mes en que Atwater, carcomido por el cáncer, cumplió cuarenta años, dijo:

En la década de 1980 todo se trataba de adquirir: adquirir riqueza, poder, prestigio. Lo sé. Obtuve más riqueza, más poder y más prestigio que nadie. Sin embargo, es posible adquirir todo lo que se desea y aun así sentirse vacío. ¡Con qué gusto canjearía poder por un poco más de tiempo con mi familia! ¡Pagaría cualquier precio por pasar una noche con amigos! Fue necesaria una enfermedad mortal para enfrentarme con esa verdad, pero es una verdad que el país, atrapado por sus crueles ambiciones y por su decadencia moral, puede aprender de mi experiencia. No sé quién nos conducirá durante la década de 1990, pero deberá estar capacitado para poder hablarle al vacío espiritual que sufre el corazón de la sociedad estadounidense a este tumor del alma.

Por lo general, los hombres de nuestra generación tienen un tumor en el alma que podríamos denominar "enfermedad del éxito". La "enfermedad del éxito" es el mal que consiste en siempre desear más y nunca sentirnos satisfechos con lo que obtenemos. Es el dolor intangible de no lograr los objetivos que nunca nos debiéramos haber fijado o, de lograrlos, luego descubrir que en realidad no tenían importancia. Somos el país que llora por haber ganado únicamente medallas de plata.

Actualmente, muchos esposos luchan con problemas que el éxito no puede resolver.

El principal problema que observamos no es que los esposos no alcancen sus metas. Las están alcanzando. El problema es que se trata de metas indebidas. En efecto, se podría decir que el fracaso significa tener éxito de una manera que en realidad no cuenta.

El triste resultado es que actualmente muchos esposos luchan con problemas que el éxito no puede resolver. No se sienten satisfechos por lo que William James denominó "la maldita diosa del éxito". Como lo señala Michael Novak: "El sabor que deja la abundancia es el aburrimiento."[4]

Ningún hombre decide fracasar intencionalmente. Ningún esposo se despierta por la mañana y piensa: *"Veré cómo puedo pasar por alto hoy a mi esposa."* No obstante, muchos hombres toman decisiones que en forma gradual, con el transcurso del tiempo, como el agua que horada la roca, arruinan su vida. Hablemos sobre tres virus en particular que infectan a los hombres con la "enfermedad del éxito".

VIRUS NÚMERO 1: LA CARRERA ALOCADA

Imagínense lo siguiente: esposos, gran cantidad de ellos, hombres bajo presión, deslizándose por los rápidos carriles de la vida, luchando por mantener el ritmo. Algunos no tienen idea de lo que hacen. Algunos comienzan a preguntarse qué hacen. Otros están cansados. Y otros chocaron contra una pared.

Hemos creado una cultura que requiere más energía que la que poseen los hombres. A veces la denominamos la carrera alocada.

El virus más altamente contagioso que conoce el hombre estadounidense es la carrera alocada.

¿Qué es la carrera alocada? *Es la búsqueda interminable de una creciente prosperidad que termina en frustración en lugar de satisfacción.* Francis Schaeffer dijo que la mayoría de las personas adoptó dos valores empobrecidos: *la paz personal,* no querer que los demás las molesten con sus problemas, y *la afluencia,* una vida que consiste en cosas, cosas y más cosas.[5] Hace poco, un amigo me dijo tímidamente que tenía debilidad por los palos de golf. Tiene diez costosos palos de golf en su armario. Lo irónico es que su favorito es el más antiguo y deteriorado de todos.

El 8 de junio de 1978, un amigo estaba de pie bajo la llovizna en el patio de Harvard junto con los demás alumnos que se graduaban mientras Alexandr Solzhenitsin presentaba su discurso en la ceremonia de graduación de la Universidad de Harvard. En esos días, se acostumbraba abuchear al orador, pero ese día todo el mundo se mantuvo en silencio.

Solzhenitsin dijo: "A todo ciudadano se le ha otorgado la libertad y los bienes materiales deseados en cantidad y calidad tales para garantizarle, en teoría, el logro de la felicidad ... Sin embargo, durante el proceso, se pasó por alto un detalle fisiológico: el deseo constante de tener cada vez más cosas y una vida cada vez mejor y la lucha a fin de lograr este objetivo deja una impronta de preocupación y hasta de depresión en muchos rostros occidentales, aunque se acostumbra ocultar dichos sentimientos."[6] En otras palabras, la carrera alocada.

Como resultado de este virus, muchos esposos, que con frecuencia son cristianos, perdieron el equilibrio. En nuestro trabajo con hombres, periódicamente nos encontramos con los que "elevaron una oración" por su salvación, pero que durante el transcurso de los últimos cinco, diez, quince, veinte o más años vivieron de acuerdo con sus propias ideas. Construyeron sobre los cimientos de su propio criterio. Leen la Biblia en busca de consuelo y el *Wall Street Journal* en busca de un rumbo.

Durante el proceso de ir en pos de sus objetivos laborales, muchos hombres olvidan emocionalmente a su esposa y, poco a poco, ambos se van distanciando. Siguiendo el modelo de papá, los niños de hoy día a menudo corren sus propias minicarreras alocadas, algo que hace que sus padres se sientan excluidos y no valorados. Veinte años más tarde esto recae gradualmente sobre los que entregaron los mejores años de su vida a carreras que prometían lo que no podían dar. En efecto, un hombre con frecuencia se sentirá "usado" y "recargado" en su trabajo, lo cual produce una amargura que se va enconando hasta infectar los demás aspectos de su vida.

Por consiguiente, las cosas no salen como muchos lo planearon. Los acosan preguntas dolorosas: "¿De qué se trata todo esto? ¿Cómo puedo tener tanto éxito y sentirme tan insatisfecho al mismo tiempo? ¿Esto es todo lo que hay?" La carrera alocada cobra un peaje muy caro. Le quitará todo lo que tenga para dar.

Entonces, ¿cómo se ven atrapados estos hombres en la carrera alocada? Gálatas 5:7 plantea la pregunta de la siguiente forma: "Vosotros corríais bien; ¿quién os estorbó para no obedecer a la verdad?"

Lo que creen los hombres determina cómo van a vivir. En muchos casos, creyeron falsas ideas y construyeron sobre las mismas. El problema es que, según advirtió Pablo en Gálatas 5:9: "Un poco de levadura leuda toda la masa."

VIRUS NÚMERO 2: LA VIDA QUE NO SE EXAMINA

George Bernard Shaw dijo: "Pocas personas piensan más de dos o tres veces al año. Me he labrado una reputación internacional debido a que pienso una o dos veces a la semana."

Tal vez la mayor debilidad que enfrentan los hombres en los albores del siglo veintiuno sea que no suelen hacer un examen de su vida. Llevar una vida que no se examina significa correr de una tarea a otra, sin tener suficiente tiempo libre como para reflexionar sobre el significado y el propósito de la vida en todo su alcance.

El precio que se paga para mantener el ritmo veloz es la pérdida de la paz. Como me dijo hace poco un hombre que trabajó setenta y cuatro horas a la semana durante varios años: "Ha sido una carrera larga e intensa. Mi vida carece de remansos."

> *El precio que se paga para mantener el ritmo veloz es la pérdida de la paz.*

Me encanta la tecnología. La tecnología es una amiga, pero esta amiga también tiene su lado oscuro.[7] A medida que un hombre incrementa los dispositivos que le ahorran trabajo, también incrementa su carga laboral y el acceso que otras personas puedan tener a él. El zumbido de estos dispositivos por lo general deja al hombre sin lugar para sentarse y simplemente pensar.

Sócrates dijo: "Conócete a ti mismo", y Platón escribió: "La vida que no se examina no vale la pena vivirse." Cuando los hombres eligen correr la carrera alocada, dejan de lado sus tiempos de reflexión y autoanálisis.

La mayoría de los hombres no cinceló con cuidado su visión del mundo mediante una búsqueda personal de la verdad y la obediencia a Dios y su Palabra. En cambio, andan a la deriva. No piensan en su vida con profundidad. Golpeados por los fuertes vientos de la presión cotidiana, balanceados como un corcho por las olas de cambio, los hombres anhelan las arenas firmes de los días más simples, pero casi sin tener idea de cómo llegar a esas costas distantes.

Lamentaciones 3:40 exhorta: "Escudriñemos nuestros caminos, y busquemos, y volvámonos a Jehová." Únicamen-

Únicamente sobre el yunque del autoanálisis puede Dios forjar un hombre a la imagen de su Hijo.

te sobre el yunque del autoanálisis puede Dios forjar un hombre a la imagen de su Hijo. "Enséñanos de tal modo a contar nuestros días, que traigamos al corazón sabiduría" (Salmo 90:12).

VIRUS NÚMERO 3: EL CRISTIANISMO CULTURAL

Según encuestas de la Asociación Evangelística Billy Graham, noventa por ciento de todos los cristianos llevan vidas derrotadas.[8] ¿Por qué se aplica esto a tantos esposos?

Algo que me sucedió constituye el punto crucial de este libro. De modo que permítame contarle brevemente mi historia porque es probable que, aunque solo sea en parte, también sea la de su esposo.

Titubeaba entre dos tipos de héroe. Por un lado, me sentía inspirado por los grandes empresarios y atletas que vivían para Dios. Quería emular con héroes de la fe tales como Billy Graham, la madre Teresa, C.S. Lewis, James Dobson, Tom Skinner y Bill Bright. Por otra parte, en secreto aspiraba a tener los mismos logros y fortunas de magnates tales como Trammel Crow (el agente inmobiliario número uno), Lee Iaccoca, Bill Gates y Malcolm Forbes.

Cuando alcancé el hito de diez años en mi viaje espiritual, me di cuenta que algo no andaba para nada bien en mi vida, pero no podía señalar ningún problema en particular. Era un cristiano activo que leía la Biblia y oraba con regularidad, inmerso en la vida de la iglesia, un testigo vocal, y procuraba llevar un estilo de vida moral.

Es curioso, pero me encontraba en la cima de mi carrera. Materialmente, las cosas me iban de maravillas. Sin embargo, cuando me imaginaba que otro hombre consideraba que mi vida era muy bendecida, me asaltaban deseos de tomarlo por los brazos, sacudirlo y gritar: "¡No entiendes! ¡Esto no es una bendición, es una maldición!"

Finalmente, el dolor intangible se tornó tan fuerte que decidí tomarme un tiempo para la reflexión y el autoanálisis. Dediqué los siguientes dos años y medio a la introspección.

Al principio, lo único que advertí fueron los pensamientos descritos al principio de este capítulo:

Existe un Dios que queremos y existe un Dios que es. No son el mismo Dios.

- Estaba cansado.
- Tenía un sentimiento persistente de que algo no estaba del todo bien en mi vida.
- Mi vida no resultaba como la había planeado.
- Sentía que mi vida se desmoronaba.
- Sentía que nadie se interesaba por mí, en el ámbito personal.
- Estaba logrando mis objetivos, pero el éxito no me satisfacía.

Dos años más tarde, durante una gran crisis en mi empresa, un pensamiento me cruzó la mente mientras estaba sentado entre los escombros de mi imperio en decadencia: *Existe un Dios que queremos y existe un Dios que es. No son los mismos. El momento decisivo de nuestra vida se produce cuando dejamos de buscar al Dios que queremos y comenzamos a buscar al Dios que es.*

Me di cuenta que me había convertido en lo que podríamos llamar un cristiano *cultural.* En *El hombre frente al espejo* definí esta expresión de la siguiente manera:

Cristianismo cultural es la búsqueda del Dios que queremos en lugar del Dios que es. Es la tendencia a ser superficial en nuestra comprensión de Dios, queriendo que sea más un abuelito gentil que nos malcríe y nos deje hacer lo que deseamos. Es sentir la necesidad de Dios pero según nuestras propias condiciones. Es querer el Dios que tenemos subrayado en nuestras Biblias sin el resto de lo que él es. Es un Dios relativo en lugar de un Dios absoluto.[9]

¿ES SU ESPOSO UN CRISTIANO CULTURAL?

¿En qué momento se convierte un hombre en un cristiano cultural? Los hombres se vuelven cristianos culturales cuando buscan al Dios (o a los dioses) que quieren y a no al Dios que es.

Los hombres que se convierten en cristianos culturales leen sus Biblias con un orden del día, si es que la leen. Deciden con antelación qué quieren y luego leen sus Biblias buscando pruebas que sustenten las decisiones que ya tomaron. En pocas palabras, siguen al Dios que subrayan en sus Biblias. Crean un "quinto evangelio".

De muchas maneras solo sumaron a Jesús a su vida como otro factor de interés en su poblada agenda. Practican una especie de "cristianismo tipo neumático de auxilio": guardan algo en el maletero en caso de tener una pinchadura.

Quieren tenerlo todo. Hicieron un plan para su vida. Su credo es: "Planificar, luego orar." Su vida se ha forjado más por seguir las masas del comercio que los pasos de Cristo.

Desde el punto de vista bíblico, estos hombres permiten que el afán de este siglo y el engaño de las riquezas ahoguen la Palabra haciendo que sea infructuosa (Mateo 13:22); permitieron que la levadura de la cultura leude toda la masa (Gálatas 5:9); hicieron lo que es lícito, pero no lo que conviene (1 Corintios 6:12); corren el riesgo de un gran derrumbe porque edificaron sobre arena y no sobre la roca (Mateo 7:24–27).

A menudo, hombres como estos son lo que Os Guiness denominó "el discípulo no discipulado". No rindieron plenamente la vida al señorío de Jesucristo. Son discípulos de *Wall Street* y no de la iglesia.

Su visión del mundo suele ser una combinación confusa de ideas tomadas de la iglesia, la televisión, la revista *Business Week*, los seminarios de pensamiento positivo y la Facultad de Administración de Empresas de Harvard (el término técnico que se aplica a esto es *sincretismo*).

Por omisión, los hombres se convierten en cristianos culturales cuando no escogen convertirse en cristianos bíblicos activos.

Nuestro ministerio nos pone en contacto con innumerables hombres que corren por los pasillos atestados del comercio, buscando un éxito que los satisfaga. A menudo, unas cuantas victorias huecas sin relación entre sí, que hace que su frustración vaya en aumento a medida que logran cada vez más cosas.

"La enfermedad de éxito" está matando a su esposo. Cuando los hombres nos inscribimos en la carrera alocada, llevamos una vida sin introspección y nos convertimos en cristianos culturales, debemos pelear contra tres virus letales al mismo tiempo. Por eso no debe sorprendernos que muchos de nosotros sintamos lo que Soren Kierkegaard denominó "la enfermedad que lleva a la muerte". Si no tenemos cuidado, puede llegar a ser una enfermedad terminal.

EL MOMENTO DE DECISIÓN

*S*i la "enfermedad del éxito" consiste en alcanzar nuestras metas para luego descubrir que carecen de importancia, ¿cómo pueden los hombres encontrar un "éxito que valga la pena"?

En primer lugar, un hombre debe llegar a un momento de decisión. *El momento de decisión de nuestra vida es cuando dejamos de buscar al Dios que queremos y comenzamos a buscar al Dios que es.*

- "Santo, santo, santo es el Señor Dios Todopoderoso, el que era, el que es, y el que ha de venir" (Apocalipsis 4:8).
- "Yo entonces dije: ¿Quién eres, Señor? Y el Señor dijo: Yo soy Jesús, a quien tú persigues" (Hechos 26:15).
- "Porque Jehová es Dios grande, y rey grande sobre todos los dioses" (Salmos 95:3).
- "Tú solo eres Jehová" (Nehemías 9:6).

Como dice Bobby Bowden, entrenador del equipo de fútbol de la Universidad del Estado de Florida: "Tienes que tocar la primera base. No puedes ganar puntos en la base de meta si no tocas la primera base." La "primera base" es Jesucristo. Nos prometió la vida eterna si "damos un giro".

Nuestra tarea principal como hombres consiste en acercarnos humildemente al pie de la cruz de Jesucristo y allí negociar las condiciones de una entrega total y plena a su señorío.

Elías se presentó ante el pueblo y dijo:

—¿Hasta cuándo van a seguir indecisos?

1 Reyes 18:21, NVI

Dios es el que es y por más que queramos recrearlo en nuestra imaginación, esto no tendrá ningún efecto sobre su carácter y naturaleza inmutables. Por consiguiente, nuestra tarea principal como hombres consiste en acercarnos humildemente al pie de la cruz de Jesucristo y allí negociar las condiciones de una entrega total y plena a su señorío.

CÓMO PUEDE AYUDAR A SU ESPOSO

Nadie conoce mejor a su esposo que usted misma. ¿Cómo está? ¿Está cansado? ¿Tiene ese persistente sentimiento de que algo no está del todo bien? ¿Sabe lo que quiere? ¿Sufre de la "enfermedad del éxito"? ¿Cuál de los tres virus que ocasionan la "enfermedad del éxito" padece: participa de la carrera alocada, lleva una vida sin introspección, vive como un cristiano cultural?

A menudo, las mismas cosas que los esposos más desearían que su esposa supiera acerca de ellos son las que más les cuestan expresar con palabras. Quizá su esposo no podría manifestar gran parte de lo que se ha dicho en los últimos dos capítulos. Sin embargo, así se sienten por dentro muchos hombres o tal vez todos.

Sé que ansía ayudar a su esposo. Y a pesar de sus ocasionales rebeldías al respecto, él quiere que lo ayuden.

Permítame darle dos sugerencias. En primer lugar, usted está leyendo las primeras páginas de este libro. Resista el impulso de señalarle cosas en este momento. En cambio, siga leyendo hasta que tenga un panorama más amplio de lo que su esposo desearía que usted supiera acerca de él.

En segundo lugar, ore. Pídale a Dios que le enseñe cómo puede ayudar a su esposo. A medida que sienta la dirección del Espíritu tal vez pueda decirle a su esposo: "Estoy leyendo este libro sobre lo que un esposo desearía que su esposa supiera sobre el hombre. Me intrigó un capítulo y me preguntaba si lo leerías y me dirías qué partes de ese capítulo, si es que hay alguna, quisieras que supiera acerca de ti."

UNA REFLEXIÓN PARA LOS ESPOSOS

*H*oy día, muchos esposos sufren. Están cansados de la carrera alocada. Se les agotó la energía. Su matrimonio está en la cuerda floja. Sus hijos están en otra cosa. Sus finanzas están en desorden.

En nuestra generación se ha propagado una enfermedad que pudiéramos denominar la "enfermedad del éxito". Es la enfermedad que consiste en siempre querer más y nunca sentirse satisfecho al obtenerlo.

El problema principal que enfrentamos como hombres no es que fracasemos en el logro de nuestras metas. Por lo general, las alcanzamos. Sin embargo, a menudo se trata de metas indebidas. Muchas veces obtenemos lo que deseamos y nos damos cuenta de que en realidad no tiene importancia.

La vida puede convertirse en algo similar a intentar atar dos pedazos de cordel que no tienen el largo suficiente. Pueden acosarnos pensamientos como: "¿Esto es todo?" Y pensamos: "La vida debe ser algo más que esto."

Hay tres virus en particular que nos infectan con la "enfermedad del éxito": la carrera alocada, llevar una vida sin introspección y el cristianismo cultural.

La "enfermedad del éxito" consiste en siempre querer más y nunca sentirse satisfecho al obtenerlo.

Correr la carrera alocada consiste en ir siempre en pos de una prosperidad cada vez mayor que no desemboca en satisfacción sino en frustración. Llevar una vida sin introspección significa correr de tarea en tarea, sin darnos pausas para reflexionar en el significado y el propósito mayor de la vida.

El cristianismo cultural significa buscar al Dios que queremos en lugar del Dios que es. Es la tendencia a ser poco profundo en nuestro entendimiento de Dios, esperando que sea un dulce abuelo que nos malcríe y nos deje hacer lo que nos da la gana. Nos convertimos en cristianos *culturales* cuando no escogemos participar activamente como cristianos *bíblicos*.

Cuando corremos la carrera alocada, llevamos una vida sin introspección y nos convertimos en cristianos culturales, debemos combatir tres virus letales al mismo tiempo.

Si la "enfermedad del éxito" consiste en alcanzar nuestras metas y luego descubrir que en realidad no tienen importancia, ¿cómo podemos encontrar "el éxito que vale la pena"? El éxito que vale la pena es un éxito equilibrado, basado en prioridades que proporciona un sentido profundo de significado y propósito. Le presta atención a todos los aspectos clave de la vida de un hombre. No se basa en normas culturales, sino en las verdades eternas de la Biblia.

Considere estas preguntas:

1. ¿Puede manifestar qué desea de la vida? (Si desea alguna sugerencia para "lubricar" su pensamiento, tal vez quiera leer todo este capítulo.)

2. ¿Padece de la "enfermedad del éxito", aun cuando conoce a Cristo?

3. ¿Ha llevado una vida de cristiano cultural?

Si es así, ¿ha llegado a un momento de decisión? *El momento de decisión de nuestra vida es cuando dejamos de buscar al Dios que queremos y comenzamos a buscar al Dios que es.* De ser así, dígaselo. Dígale de qué quiere alejarse. Dígale hacia dónde quiere dirigirse. (Dicho sea de paso, este proceso es lo que la Biblia denomina *arrepentimiento*.) Si desea una oración sugerida, puede utilizar la siguiente o parafrasearla con sus propias palabras.

Señor Jesús:

Te necesito en mi vida en este momento más que nunca. Me he dado cuenta de que he llevado la vida de un cristiano cultural. He estado buscando un éxito que en realidad no vale la pena. Como resultado, contraje la "enfermedad del éxito". He estado buscando al Dios que he querido y no al Dios que es. He pecado contra ti y lo siento. Te pido que me perdones con tu increíble gracia. Te pido que tomes el control de mi vida y me conviertas en el tipo de hombre que sé que quieres que sea. Hazme un cristiano bíblico. Amén.

Cuatro

Presión

Cómo comprender la presión que siente su esposo

Presión. Kerry Strug, de dieciocho años de edad, mira por la pista hacia el potro que en momentos la elevará a ella y al equipo de gimnasia femenina de Estados Unidos al aire enrarecido de la gloria o las hundirá en las aguas turbias de imaginarse lo que pudo haber sido.

Presión. El equipo de gimnasia femenina de Estados Unidos nunca ha ganado una medalla de oro en las Olimpíadas.

Presión. Los estadounidenses llevan una leve delantera en la tabla de posiciones sobre los implacables rusos. Finalizados los demás eventos, el salto es el único pendiente, el único árbitro de la victoria o la derrota.

Presión. Kerry observa cómo Dominique, su compañera de equipo, lesionada, se lanza hacia el aparato, que dos veces la arroja sobre la colchoneta. Todas las miradas se vuelven ansiosamente a Kerry que, ahora como finalista, debe realizar un salto perfecto.

Presión. Ya no queda nadie más. Kerry está de pie sola, la última y definitiva esperanza de obtener una medalla de oro en las Olimpíadas. Contempla sus propias lesiones y las quita de su mente. Se concentra en el potro ubicado al final de la pista. Sale corriendo por la rampa y se lanza hacia el potro. Trastabilla cayéndose con fuerza al piso y sufre un esguince de tobillo.

Presión. Kerry regresa cojeando a la línea de partida. Segunda oportunidad. Última oportunidad. Sabe lo que está en juego. Oro o cero. Acertar esta vez o caer en la afrenta pública de la derrota. Más tarde, se sabrá que su primer salto fue lo suficientemente bueno como para obtener la medalla de oro, pero a estas alturas nadie lo sabe.

La autopista de la información no es más que una rampa hacia la carrera alocada.

Sale como una estampida de la línea de partida. Despeja de su mente todo pensamiento de derrota. Con manos firmes se aferra a la parte posterior de este ondulante monstruo gimnástico. Se catapulta al aire. Aterriza, con los brazos en alto en señal de triunfo. ¡Lo logró! ¡Ganó la medalla de oro! Y luego, tambaleándose, cae al piso a causa del dolor.

"Sentí la presión", dijo Kerry, "pero obró a mi favor. Me dio esa pequeña dosis adicional de adrenalina. Sabía que podía dar el salto, podía hacerlo dormida. Me sentía preparada a la perfección. Sabía que tenía que hacerlo. Sabía que podía hacerlo. Simplemente me lancé y sucedió muy rápido."

LA NATURALEZA DE LA PRESIÓN

Por lo general, los jóvenes tienen una ventaja sobre los que no lo son. A sus presiones no se les ha sumado el peso de los sueños sin cumplir y las esperanzas rotas por la desilusión.

Todos sienten presión. Los niños la sienten. Las mujeres sienten presión. Los hombres también. Por cierto, un poco de presión puede ser algo bueno. Puede motivarnos a hacer algo que solo nosotros podemos hacer, como en el caso de Kerry Strug.

Tanto los esposos como las esposas sufren presiones, por supuesto, pero a diferentes niveles y por diferentes motivos. En este capítulo le ayudaremos a sentir las fuentes y la intensidad de las presiones que sufre su esposo y obtener un mayor discernimiento acerca de cómo puede ayudarlo a lidiar mejor con sus presiones.

Usted y los niños no generan el enojo de su esposo.

¿Por qué su esposo está bajo tanta presión? ¿Por qué lo aguijonea tanto? ¿Por qué la pasa por alto a usted y a los niños? ¿Y qué puede hacer una esposa, si es que puede hacer algo, para ayudar a su esposo con sus presiones?

Hoy en día vivimos en una cultura impulsada por la tecnología "en línea", de realidad virtual, de "tiempo real". Es una olla a presión de cambio y obsolescencia.

El ruido entrecortado de la ametralladora del cambio deja a muchos hombres aturdidos, luchando por seguir. Las empresas se esfuerzan por mantenerse competitivas y eso implica hacer reajustes (léase: reducción de personal). Debido a las computadoras, la necesidad de gerentes administrativos de nivel medio disminuye día tras día al igual que un globo que pierde aire. La sensación de estabilidad laboral ya no existe. Un sentido escalofriante de cambio inminente pende sobre todo como la espada de Damocles.

La autopista de la información no es más que una rampa hacia la carrera alocada. La paradoja de la tecnología es que cuanto más avanza el hombre en lo tecnológico más rezagado se siente en la carrera hacia el progreso.

En definitiva, los hombres están hoy día bajo una presión enorme. Y, como sabe cualquiera que haya practicado alguna vez la "defensa a presión" en los deportes, los hombres presionados cometen errores.

No obstante, los hombres tienen práctica en hacer ver que tienen las cosas bajo control, al menos en su lugar de trabajo. Esta es una de las razones por las que se produce tanta descarga de enojo en el hogar. Usted y los niños no generan el enojo de su esposo. Más bien, en forma inocente, es la descarga del enojo que se ha estado acumulando durante todo el día.

CINCO "ESPINAS" QUE GENERAN PRESIÓN EN SU ESPOSO

*L*os hombres deben trabajar. El trabajo es una regla de la vida. El apóstol Pablo lo dijo de esta manera: "Porque también cuando estábamos con vosotros, os ordenábamos esto: Si alguno no quiere trabajar, tampoco coma" (2 Tesalonicenses 3:10). Los hombres comprenden estas palabras.

Un hombre debe ser el proveedor de su familia. "Porque si alguno no provee para los suyos, y mayormente para los de su casa, ha negado la fe, y es peor que un incrédulo" (1 Timoteo 5:8). Por instinto, los hombres comprenden estas palabras.

El hombre se ha creado como trabajador y no puede hallar la felicidad si es infeliz en su trabajo.

El trabajo es una bendición de Dios. En ocasiones, los hombres creen que el trabajo es una maldición de Dios. En realidad, Dios instituyó el trabajo antes de la caída de Adán. "Tomó, pues, Jehová Dios al hombre, y lo puso en el huerto de Edén, para que lo labrara y lo guardase" (Génesis 2:15). El hombre se creó como trabajador y no puede hallar la felicidad si es infeliz en su trabajo. Con frecuencia, los hombres no comprenden esto.

Sin embargo, el trabajo es una bendición que se tornó difícil por la caída. "Por cuanto obedeciste a la voz de tu mujer, y comiste del árbol de que te mandé diciendo: No comerás de él; maldita será la tierra por tu causa; con dolor comerás de ella todos los días de tu vida" (Génesis 3:17).

Es lamentable, pero su esposo deberá padecer el *pinchazo de espinas* al proveer para su familia. Debido a la caída, su esposo sentirá el pinchazo de espinas todos los días en su trabajo (usted también, por supuesto). Le ocasionarán mucha presión. Si bien cada esposo es único en su género, básicamente todos los hombres sufren el mismo tipo de presiones. Analicemos con mayor detalle cinco de las espinas más agudas.

EL TIEMPO

La presión del tiempo es como la espina que pinchó el dedo de su esposo mientras inocentemente intentaba cortar una rosa para entregársela a usted. Se veía linda, pero el precio fue más alto de lo que pensó.

La mayoría de los esposos que conozco se queja de que tienen muy poca energía para afrontar las exigencias de la vida moderna. Muchos tienen problemas para decir que no. Y es difícil equilibrar todas nuestras prioridades.

Todos los hombres atraviesan ciclos en los que se ahogan en la tinta de sus agendas. La cuestión de fondo es simple: ¿es algo temporal o permanente?

Hace dos años acepté realizar una gira de charlas para presentar un nuevo libro. Puesto que nunca antes lo había hecho, sin pensarlo, agregué la gira a mi ya ocupada agenda sin quitar ningún compromiso contraído con anterioridad.

Un día, meses después, mi socio y yo viajábamos en un avión al regresar de alguna ciudad y le dije: "A pesar de todo el bien que hacemos, cuando miro mi agenda lo único que pienso es que quiero terminar cuanto antes." No son pocos los hombres que quieren terminar cuanto antes.

Todos los hombres atraviesan ciclos en los que se ahogan en la tinta de sus agendas. La cuestión de fondo es simple: ¿es algo temporal o permanente?

En su libro *Margin* [Margen], el médico Richard A. Swenson sugiere que hemos desarrollado una nueva enfermedad por exigirnos demasiado. La denomina "vivir sin margen". Piense en su esposo mientras lee lo que manifiesta Swenson.

¿Por qué tantos de nosotros nos sentimos como controladores de tráfico aéreo fuera de control? ¿Cómo es posible que el vendedor se sienta tan estresado cuando el automóvil está cargado de artículos adicionales, su paga es más abultada que nunca y las vacaciones duran cuatro semanas por año? ¿Cómo es posible que el ama de casa todavía sienta cansancio a pesar de la ayuda de la lavadora, la secadora, el lavaplatos, la trituradora de residuos y la aspiradora? Si somos tan prósperos, ¿por qué están tan llenos los consultorios de los terapeutas? Si tenemos diez veces más abundancia material que nuestros antepasados, ¿por qué no nos sentimos diez veces más felices y satisfechos?

Algo anda mal. Las personas están cansadas y agotadas. Están ansiosas y deprimidas. Ya no tienen tiempo de sanarse. Existe una inestabilidad síquica en nuestros días que impide que la paz se implante con gran firmeza en el espíritu humano. Y a pesar de los escépticos, esta inestabilidad no es el mismo viejo castigo modernizado. Lo que tenemos aquí es una enfermedad nueva, flamante ... Es la enfermedad de la vida sin margen.

El margen es la cantidad permitida más allá de lo necesario. Es algo que se mantiene en reserva para contingencias o situaciones imprevistas. El margen es la brecha entre el descanso y el agotamiento; el espacio que queda entre respirar libremente y sofocarse. Es el campo de acción que tuvimos alguna vez entre nosotros y nuestros límites. El margen es lo opuesto a la sobrecarga.

Si viniéramos con una luz titilante que nos indicara "lleno al tope", podríamos medir mejor nuestra capacidad. Pero no tenemos dicha luz indicadora y no sabemos que nos hemos extralimitado hasta sentir dolor. Como resultado, muchas personas se comprometen a llevar una vida a ciento veinte por ciento y se preguntan por qué la carga les resulta tan pesada. Es raro encontrar una vida que previamente se programe a solo ochenta por ciento, dejando un margen para responder a lo inesperado que Dios ponga en nuestro camino.[1]

La mayoría de los hombres de hoy sienten que su tiempo no les pertenece. En realidad, muchos se extralimitaron tanto, que escogieron un estilo de vida en el que olvidan a su esposa e hijos para cumplir con sus demás obligaciones.

Un estudio sobre el estilo de vida realizado por la NBC el 9 de marzo de 1995 descubrió que cincuenta y nueve por ciento de las personas decía que "estaban muy ocupadas, pero satisfechas" y que diez por ciento decía que "estaban sobrecargadas". En combinación, dos de cada tres personas se manifiestan muy ocupadas o sobrecargadas.

Lo que su esposo quiere que sepa es que él detesta esto, pero que no sabe cómo quitarse la soga del cuello. Siente sus brazos atados con gruesas sogas de responsabilidad.

EL DINERO

La presión del dinero es como una maraña de enredaderas de zarzamora que arañaron los brazos y piernas de su esposo cuando fue al campo en busca de la comida para su familia. Cuando más se retuerce para escaparse, más se clavan en su carne.

La mayor presión que sienten los hombres, según una encuesta que realizamos, es la económica. La mayoría de los hombres siente que el dinero no les alcanza para llegar a fin de mes.

Un esposo se sentía absolutamente frustrado porque su esposa se negaba a vivir de acuerdo con un presupuesto. Tenían un hijo en una escuela privada, otro en una universidad privada, cuatro automóviles, cuatro pólizas de seguro de automóvil, ¡y una gotera!

Finalmente, al cabo de meses de hablar sobre el tema, ella acordó que les hacía falta vivir de acuerdo con un presupuesto. Él se siente mucho mejor.

Es evidente que la mayor presión económica es "la semana presente". Pero más allá de la presión del flujo de caja inmediato, los hombres sienten el peso de todas sus obligaciones financieras. La jubilación cobra cada año mayor importancia, a medida que la previsión social se vislumbra cada vez menos segura.

Se le forma un nudo en la garganta cada vez que la televisión muestra uno de esos comerciales que anuncia el costo de una educación universitaria a fin de asustarnos y hacernos comprar el producto financiero "adecuado".

Pocos hombres pueden siquiera recordar todos los tipos de seguro que necesitan hoy día, y mucho menos pagarlos. Seguro de vida. Seguro de salud. Seguro de medicina de alta complejidad. Seguro del automóvil. Seguro de la vivienda. Seguro contra incapacidad. Seguro contra terceros. Seguro del barco. Seguro del negocio. A menudo, no se dispone del dinero suficiente para hacer todo lo que debiéramos hacer.

Siente la presión del dinero a partir de los *compromisos* que penden sobre su cabeza, los *déficit* que hay en la actualidad, las *necesidades* que no se cumplen y las *deudas* que deben pagarse.

Con los años, la empresa de Jim lo impulsó de modo sutil a incorporar los símbolos del éxito. El buen automóvil que aparcar, la buena casa para demostrar su éxito, las buenas vacaciones sobre las cuales hablar en los descansos, la buena ropa para impresionar a los clientes de la compañía.

Por supuesto que el problema reside en que estos símbolos del éxito cuestan dinero, más dinero del que tenía Jim. Así que Jim comenzó a pedir dinero prestado para pagar los accesorios de un favorable comienzo. Por cierto, no es que se metiera de golpe. Al principio, apenas metió los pies en aguas poco profundas cuando sacó un préstamo para comprar un automóvil que en realidad no le hacía falta y que superaba su capacidad de pago. Luego llegó la hipoteca máxima además del dinero para el pago adelantado que pidió prestado a sus padres. Un día, muchos años después, Jim se despertó en la parte profunda de la piscina, cansado de intentar mantener todo a flote, sintiendo que estaba a punto de ahogarse.

¿Y en la actualidad? Jim corre asustado. Trabaja siete días a la semana. Siente que no tiene tiempo para incorporar la iglesia a su vida en este momento. Alguna vez, hace mucho tiempo, leía su Biblia casi todos los días. Ya no. Los símbolos del éxito se convirtieron en una trampa.

EL PROBLEMA DE LA DEUDA

En diciembre de 1995, una cifra récord de 18,8% de los ingresos, una vez deducidos los impuestos, se destinaron a liquidar la deuda de cuotas de consumidores (si agregamos arrendamientos de automóviles y segundas hipotecas, la relación alcanza una cifra sin precedentes de 21,6%).[2]

Al igual que una sirena de voz aterciopelada, nuestra cultura seduce a los hombres hacia la esclavitud de la deuda.

Según mi opinión, uno de los cinco mayores problemas prácticos que enfrentan los hombres de hoy es la presión de las deudas. Ninguna presión ahoga tanto a un hombre como estas. La presión para liquidarlas puede ilustrarse como los poderosos tentáculos de un gigantesco monstruo marino que nos arrastra a la sofocante presión de las profundidades.

La deuda sencillamente consiste en pedirle prestado a los ingresos *futuros* para comprar lo que hoy no podemos hacer con nuestros ingresos *actuales*. Algunas deudas, como las hipotecas inmobiliarias de volumen manejable, tienen sentido. Sin embargo, la mayoría de las deudas no lo tienen.

Al igual que una sirena de voz aterciopelada, nuestra cultura seduce a los hombres hacia la esclavitud de la deuda. Por lo general, terminamos adquiriendo cosas que no necesitamos con dinero que no tenemos, para impresionar a personas que no nos agradan. Como se dijo en *Wall Street, The Movie* [Wall Street, la película]: "El problema del dinero es que te hace hacer cosas que no quieres hacer."

¿Por qué se endeudan los hombres? Porque no están satisfechos con lo que tienen. Esta es una gran verdad: si uno no está satisfecho con lo que es, no estará satisfecho con el lugar al que quiere llegar.

¿Por qué no se les ocurre a muchos hombres, que en otros aspectos son inteligentes, que ganarse la vida y pagar una deuda consume más energía que simplemente ganarse la vida? Pocos hombres comprenden la presión de las deudas hasta que sienten su peso. Pero entonces ya es demasiado tarde.[3]

El problema de las deudas es que hay que pagarlas. En definitiva, el pago de intereses persiste largo tiempo después que el brillo desapareció.

EL TRABAJO

La presión laboral se percibe como el acuciante dolor de un dedo del pie hinchado y amoratado por una espina que se encuentra tan encarnada, que no se puede ver.

Las espinas del trabajo incluyen jefes mandones, clientes desagradables, horas horrorosas, salarios paupérrimos y relaciones arduas. Las fechas de entrega son demasiado exigentes, las crisis demasiado grandes, los proyectos agobiantes, los cupos exigidos excesivamente altos, los presupuestos muy bajos y los planes demasiado agresivos como para cumplirlos o superarlos.

Un hombre lo expresó de este modo: "En realidad, mi mayor presión proviene de mi trabajo. Cada momento está programado. Voy de reunión en reunión. Me bombardean las decisiones (todas importantes) en cada momento del día. A decir verdad, me encanta. Pero es agotador. Ya no le presto atención a mi salud. Me hace mucha falta volver a hacer ejercicios físicos."

Otro hombre dijo: "Siento una enorme presión en mi trabajo. Ya no soy un muchacho y tengo la sensación de que a la empresa le encantaría despedirme y contratar a alguien más joven".

Y otro hombre expresó: "La presión que se ejerce sobre mi rendimiento es horrenda. Si no logro cumplir con la tarea asignada, hay una docena más de hombres esperando en fila que creen estar capacitados para hacerla."

Los hombres cristianos sienten una carga especial en su trabajo. Si bien el trabajo se ha dificultado a causa de la caída, los hombres cristianos deben trabajar en forma entusiasta, como para Dios. "Y todo lo que hagáis, hacedlo de corazón, como para el Señor y no para los hombres" (Colosenses 3:23). No son pocos los hombres a los que les resulta difícil y muchos ni siquiera oyeron hablar de este principio.

Es posible que su esposo sienta presión laboral porque ama demasiado su trabajo o no le gusta lo suficiente (o, en ocasiones, debido a ambas).

Los hombres que aman su trabajo

El trabajo puede ser intoxicante. Sintiéndose idóneos para la tarea, los hombres disfrutan profundamente al trabajar en proyectos importantes, cumplir con fechas tope, que los llamen para expresar su opinión. Hay pocas cosas que puedan encender el motor de un hombre como el cumplimiento de metas ambiciosas o la solución de problemas complejos. Hablaremos más al respecto en el próximo capítulo: "Trabajo: ¿Por qué los hombres se preocupan por el trabajo?"

Cuanto más ama su trabajo, más proyectos abarca y mayor es la presión. Para muchos hombres, su trabajo se convierte en su amante. Un incremento en el trabajo puede llevar a un hombre a reducir su romanticismo. Un hombre me dijo que amaba tanto su trabajo y trabajaba tan arduamente, que había perdido gran parte de su apetito sexual. No se trata de un caso aislado.

Los hombres que aborrecen su trabajo

Una segunda posibilidad es que su esposo deteste su trabajo o por lo menos no lo disfrute. Las investigaciones demuestran que hasta ochenta por ciento de todas las personas pueden estar empleadas en trabajos no adecuados a sus aptitudes.[4] Sin embargo, debido a las responsabilidades económicas y familiares, muchos hombres se sienten atrapados. Por lo general, los sentimientos de frustración llegan en el preciso momento en que ha tenido hijos y se ha metido en un gran préstamo hipotecario.

Un motivo por el que muchos esposos no disfrutan de su trabajo se relaciona con las formas diferentes en que están diseñados los hombres. El consultor Bobb Biehl ha identificado que todo hombre (y toda mujer) tiene un "reloj de agotamiento" que comienza a funcionar en diferentes momentos. Dependiendo del grado de motivación que tenga su esposo, se aburrirá de su trabajo en diferentes etapas. Trate de reconocer cuál de los siguientes cinco tipos identifica mejor a su esposo. Piense de qué manera el saberlo puede ayudarla a aceptarlo mejor tal cual es.

1. *Diseñadores.* Estos hombres prefieren el mundo teórico al práctico. Les encanta crear soluciones teóricas para problemas teóricos. No les pida que realicen el trabajo práctico de construir un prototipo. Los ejemplos de este tipo de hombre incluirían a los asesores empresariales, los investigadores médicos y los académicos. Una vez que resolvieron el problema en teoría, se puede escuchar cómo se pone en funcionamiento el reloj de agotamiento. Continuar en el proyecto los conduce a la frustración y al aburrimiento.

2. *Diseñadores-creadores.* Estos hombres no solo prefieren definir el problema, sino idear soluciones originales y hasta desarrollar un prototipo. Algunos ejemplos pudieran incluir a los programadores de software o vendedores de sistemas. Pero, cerca del final del proceso de creación, chocan contra una pared y rápidamente pierden el interés.

3. *Creadores.* A los creadores les gusta comenzar con dos o tres modelos o ejemplos que den resultado y luego adaptar

lo mejor de cada uno de ellos para crear un modelo nuevo, sintetizado y mejorado. Ejemplos de esto pudieran incluir a docentes o entrenadores. Una vez logrado ese fin o transcurrido "dos años y un día" (para citar a Biehl), uno puede escuchar el tictac del reloj de agotamiento.

4. *Creadores-mantenedores.* Estos hombres utilizan la sintonía fina y la depuración. Prefieren trabajar con un sistema, una organización o un proyecto existentes y resolver los problemas prácticos para lograr que todo marche sobre ruedas. Como ejemplos podemos mencionar a las personas que abren una sucursal o que resuelven los problemas de una planta que da pérdidas. Sin embargo, una vez que las cosas se estabilizan (Biehl sugiere cuatro o cinco años en el proyecto), estos hombres desean emprender un nuevo desafío.

5. *Mantenedores.* A los mantenedores les gustan los trabajos en los que se detallan con claridad las vías y los procedimientos. Se lucen en la tarea de mantener a buen ritmo los sistemas existentes. Algunos ejemplos serían administradores de inmuebles y personal de mantenimiento de las empresas. Estos hombres no cambian mucho de trabajo. Es probable que sus relojes de agotamiento no se pongan en marcha hasta después de veinte o treinta años.[5]

Una vez que se pone en funcionamiento el reloj de agotamiento de un hombre, llega el momento de un nuevo desafío. Con suerte, puede lograrlo dentro del contexto de su trabajo actual. Los hombres más frustrados desde el punto de vista laboral son por lo general los que se agotan porque Dios los "diseñó" de una manera, pero trabajan de otra. Si su esposo da señales reveladoras de agotamiento, ¿por qué no le sugiere leer estos párrafos?

LAS PERSONAS

La presión de las personas da la sensación de ser una corona de espinas que un "amigo" hundió en la frente de su esposo, ocasionándole un dolor inesperado.

El difunto Tom Skinner, un famoso conferenciante, me dijo que cierto día recibió una llamada de un amigo que quería que hablara la semana siguiente en una actividad. Por lo general, dichas actividades se programan con meses de antelación.

Tom miró su agenda y le dijo:

—Lo lamento. Ese día tengo una cita con mi hija.

—Ah —le contestó el amigo—, entonces estás disponible ese día. Realmente te necesitamos, Tom. Dependemos de ti. ¿Lo harás?

—Creo que no comprendes —respondió Tom—. Ese día tengo una cita con mi hija y no puedo faltar a ella.

Luego de dos o tres intentos más, su amigo se dio por vencido. Lo que resulta particularmente interesante es que querían a Tom porque el disertante al que *en verdad* querían había cancelado a último momento. Así que, su amigo consideraba lógico sacrificar la relación de Tom con su hija sobre el altar de su necesidad urgente.

Los hombres más frustrados desde el punto de vista laboral son por lo general los que se agotan porque Dios los "diseñó" de una manera, pero trabajan de otra.

Pocas presiones que siente su esposo superan las expectativas que sus amigos y seres queridos tienen sobre él. Pocas presiones le pesan más que tratar de lograr un equilibrio entre las prioridades de su esposa, sus hijos, su jefe, sus clientes, sus colaboradores, sus amigos y su pastor o sacerdote.

Un día le pregunté a un hombre si pensaba que un amigo mutuo podía ayudarme en un proyecto. "Ned está sobrecargado", me respondió. "No puede decirle que no a nadie. Tiene demasiadas cosas entre manos. No es muy eficiente en nada que esté realizando. Te dirá que sí, pero en realidad no dispone del tiempo para cumplir."

Lo mejor que le pudiera pasar a este hombre sería que su esposa ayudara a protegerlo de aceptar demasiados compromisos. Podría decir: "Realmente quisiera ayudarte. En este momento estoy muy ocupado. Déjame hablarlo con mi esposa y luego te contesto." Es algo así como decir: "Bueno, tengo que verificarlo con mi jefe." Esto permite que la decisión ya no esté solo en sus manos. Así, no tiene por qué sentir esa desagradable presión de no querer decir "No".

Una vez un conductor de un programa de televisión quería que yo apareciera en su programa tres noches seguidas para reunir fondos para su canal. En el momento en que me llamó, estaba muy ocupado con mis compromisos, de modo que mi secretaria me pasó el mensaje. Le dije que no podía hacerlo. Cuando ella lo llamó, la hizo sentir muy mal. Se ofendió porque yo no podía hacer lo que me pidió y se ofendió aun más porque no lo llamé personalmente. Puedo entender cómo se sentía. Por otra parte, estoy seguro de que no asistirá a mi funeral. Y aunque fuera, sé que no lloraría. Sin embargo, tengo una esposa y dos hijos que sí lo harán. ¿Por qué me siento tan presionado a hacer sentir feliz a la gente que ni siquiera conozco bien? No sé la respuesta, pero sí siento la presión.

La mejor manera que tiene un hombre de lidiar con la presión de la gente es decidir con antelación cuánto tiempo desea apartar para sus relaciones con Dios, con su esposa y con sus hijos. Luego, cualquiera sea el tiempo que quede libre puede dedicarlo a su vocación, al ministerio, a la recreación y a dar una mano a los demás. Una idea que da buen resultado para un hombre es desayunar y cenar todos los días con su familia y nunca trabajar los fines de semana.

LA RELIGIÓN

La presión religiosa se parece a caminar descalzo en un terreno arenoso regado de abrojos. Una vez que uno está en medio del terreno, ¡para retroceder igual debe volver a caminar sobre esos abrojos pinchudos!

La iglesia puede ejercer mucha presión sobre un hombre basada en la culpa. Un hombre recibe el siguiente mensaje:

"Si de verdad amas a Dios, vendrás el miércoles por la noche a la iglesia."

Un hombre que conozco adoptó una norma que, en realidad, es fantástica. Cuando comenzó a asistir a su iglesia le dijo al pastor: "Mire, puedo dedicar tres horas semanales a la iglesia. Se las puedo dedicar como a usted le parezca, pero eso es todo lo que puedo dar. Si quiere que asista tres veces a cultos de una hora de duración el domingo por la mañana, el sábado por la noche y el miércoles por la noche, bien. Si quiere que enseñe en la Escuela Dominical, está bien. Pero entonces no podré venir los miércoles por la noche. Si quiere que participe en el comité de misiones, muy bien. Pero con todas mis otras prioridades, solo puedo ofrecerle un máximo de tres horas a la semana."

En la actualidad, muchos ministerios sacan a los hombres de su hogar para decirles que deben pasar más tiempo en su casa.

Al principio, su pastor se sintió un poco ofendido. Luego, reflexionando, observó que todos sus hombres quizá debieran reflexionar y elaborar un compromiso similar. Se dio cuenta que podía pedirles que pensaran en forma estratégica respecto a cuánto tiempo debían dedicarle a la iglesia y cómo.

Sería gracioso si no fuera tan triste. En la actualidad, muchos ministerios sacan a los hombres de su hogar para decirles que deben pasar más tiempo en su casa.

CÓMO PUEDE AYUDAR A SU ESPOSO

La presión del tiempo. En el flujo y reflujo de la vida, todo esposo pasará por períodos en los que las exigencias acumulativas de su familia, su trabajo y su iglesia dejen anegada su embarcación. Durante esas etapas es importante que su esposo sienta que cuenta con su apoyo incondicional. Por otra parte, lo que comienza como una etapa puede, con frecuencia, convertirse en un hábito. Ayude a su esposo a ver cuándo una temporada de presión temporal se ha convertido en un patrón. Tal vez pudiera preguntarle a su esposo: "¿Cuáles son tus tres o cuatro prioridades principales en la vida? Y: "¿Refleja fielmente la forma en que inviertes tu tiempo esas prioridades?"

La presión del dinero. En conjunto, opten por un nivel de estilo de vida. No empuje a su esposo a una zona de presión. Aliéntelo a que dedique momentos para la introspección y para descubrir su propia zona de comodidad. Siga el ejemplo de las empresas de Estados Unidos y haga los ajustes necesarios para que su hogar se adecue a la realidad. (Para ver esto desde otro ángulo, lea el subtítulo "El mito del superpapá" en el capítulo 12.) Si todavía no han establecido un presupuesto, consideren la posibilidad de hacerlo.

La presión del trabajo. En primer lugar, permita que su esposo descanse. Jesús no dijo: "Venid a mí todos los que estáis trabajados y cargados *y os daré más trabajo para hacer.*" Es evidente que existen quehaceres domésticos que su esposo puede hacer. Busque un buen equilibrio. Convérsenlo. En segundo lugar, ayude a su esposo a descansar. No lo abrume con los problemas del día en cuanto lo vea cruzar el umbral de su casa al llegar del trabajo. Pregúntele cuánto tiempo necesita para relajarse antes de ocuparse del "frente" del hogar. Tal vez haya tenido ocasión de distenderse camino a casa. Quizá, al igual que a mí, le gusta asearse, ponerse ropa cómoda, leer la correspondencia y descansar unos quince minutos. Ambos necesitan expectativas realistas. Háblenlo y vean si pueden llegar a un acuerdo respecto a un "procedimiento" que dé resultado para ambos.

La presión de la gente. A todos nos hace falta sentir que nos necesitan. Tal vez su esposo esté en contacto con muchas o pocas personas durante el día. Cualquiera sea el caso, conviértase en la persona con la que más desee estar. Los hombres deben amar a sus esposas y las esposas deben respetar a sus esposos y brindarle apoyo. Quizá usted no esté recibiendo el amor que necesita. Bríndele el respeto y el apoyo que él necesita. Usted puede ganárselo con su propio comportamiento constante (véase 1 Pedro 3:1-3). Luego, a medida que él se rinda cada vez más a Dios, la amará a usted cada vez más.

La presión religiosa. No emplee lenguaje religioso para demostrar algo ni para apoyar su argumento en una discusión. Si su esposo tiende a trabajar demasiado en la iglesia, sugiérale que decida con anticipación cuánto tiempo debiera dedicarle a la iglesia a la luz de sus prioridades.

UNA REFLEXIÓN PARA LOS ESPOSOS

¿Qué es lo primero que echa por la borda cuando está bajo presión? Para la mayoría de nosotros se trata de nuestro tiempo de tranquilidad, nuestra esposa y nuestros niños. ¿Por qué será que tendemos a dedicar gran parte de nuestro tiempo a las personas que se interesan poco en nosotros, a la vez que dedicamos poco tiempo a las personas que más se interesan en nosotros?

En este capítulo tratamos el tema de las presiones que sienten los esposos provenientes del dinero, las deudas, el trabajo, las personas y la religión.

A veces es difícil que nuestra esposa comprenda la presión que sentimos. Sin embargo, en otras ocasiones lo comprenden muy bien, pero nosotros tenemos nuestros planes y no estamos dispuestos a "escuchar" a nuestra esposa.

Tal vez se sienta frustrado a causa de la presión que está sintiendo. Recurra a su esposa para que lo ayude a lidiar con sus presiones. ¿Ella forma parte del problema? De ser así, deben hablar sobre el tema. ¿Estaría dispuesta a escucharlo si usted fuera más franco? Probablemente.

Por qué no aprovecha la situación, lleva a su esposa a cenar afuera y le dice de antemano que quiere contarle todas las fuentes de presión que siente en este momento y enterarse de las presiones que ella siente. Tal vez ambos puedan confeccionar con antelación una lista para recordar todo lo que quieran decir. Escúchense sin hacer críticas, dar consejos ni responder de modo apresurado. Cuando ambos hayan puesto todo sobre el tapete, conversen sobre cómo reducir las presiones que ambos sienten.

Si al cabo de un tiempo de tratar de solucionar las cosas descubre que sigue estando bajo mucha presión, tal vez necesite un consejero espiritual. Reúnase con un amigo o con un asesor y revise todo lo que está ocasionando presión y frustración en su vida. Tome algunas decisiones. Pídale a esa persona que lo obligue a rendir cuentas preguntándole una vez por semana cómo le va.

Cinco

Trabajo

¿Por qué los hombres se preocupan por el trabajo?

Cuando llegó su tercer hijo, Jim y Sandy decidieron que ella, una universitaria con una buena carrera, dejaría su trabajo y se quedaría en casa con los niños. Esta decisión hizo que toda la responsabilidad económica recayera sobre los hombros de Jim.

Pocos años más tarde, el pastor de Jim se le acercó para ofrecerle que formara parte de la junta de ancianos de su iglesia. En parte debido a la decisión respecto de que Sandy trabajara en casa, Jim, que era arquitecto, ya dedicaba mucho tiempo a estar en su oficina. Es más, a fin de no atrasarse con su carga de trabajo, muchas noches trabajaba hasta las nueve.

Jim se sintió muy honrado por la invitación, pero cuando lo conversó con Sandy, se dieron cuenta que ya no quedaban más horas libres en el día. En realidad, Jim no solo rechazó ser anciano, sino que concertó una cita para hablar con su jefe.

"Sandy y yo hemos estado conversando", comenzó Jim. "Me gustaría obtener su permiso para poder irme más temprano de la oficina a fin de poder cenar todas las noches con mi familia." Luego de conversar un poco más, su jefe asintió. Sin embargo, poco tiempo después, a Jim lo pasaron por alto a la hora de nombrar un nuevo socio de la firma.

Jim reflexionó sobre lo sucedido. "Tomamos dos decisiones importantes. Primera, que mi esposa no trabajaría fuera de casa y, segunda, que estaría en casa todas las noches a la hora de cenar. El resultado final fue que no me consideraron a la hora de nombrar un nuevo socio de la firma. Pero no hay problema. Ahora estoy feliz con mi trabajo."

Muchas personas pensarían de inmediato: "¡Qué lástima! ¡Ni casa mejor, ni socio!" Pero lo cierto es que la Biblia dice: "La vida del hombre no consiste en la abundancia de los bienes que posee" (Lucas 12:15). Tanto Jim como Sandy saben que escogieron el mejor camino.

Lo más notable de esta historia es que con poca frecuencia oímos acerca de otras personas que hagan lo mismo.

¿Qué papel juega el trabajo en la vida de su esposo?

¿CÓMO SE DISEÑÓ EL HOMBRE?

Así como el reloj debe marcar la hora, así como una cámara debe tomar fotografías, así como la manzana debe caer del árbol, así como el sol debe salir por la mañana, así como las estrellas deben titilar, un hombre debe trabajar. Una mujer puede trabajar fuera de su hogar, pero el hombre no tiene opción biológica. Los brazos de la mujer se crearon para mecer niños; los brazos del hombre se crearon para manejar un hacha.

El trabajo tiende a ser la actividad más cómoda para el hombre.

El trabajo tiende a ser la actividad más cómoda para el hombre. Alguien lo dijo de este modo: "Me siento impulsado por una necesidad innata de llevar a casa la carne de venado." Otro hombre dijo con cierta vergüenza: "La cosa más sencilla que hago es ir a trabajar. La cosa más difícil que hago es regresar a casa."

Si un hombre no está feliz en su trabajo, no es feliz. Una esposa tenderá a dirigir su creatividad hacia los niños. Un esposo desea dirigir su creatividad hacia su trabajo.

Los hombres se diseñaron, o crearon, con una inclinación hacia mantenerse ocupados con su trabajo. Dios creó a los hombres con una espalda fuerte, dos manos firmes, un cerebro y el deseo de lograr y conquistar. El trabajo es un mandamiento (2 Tesalonicenses 3:10). El trabajo es una necesidad (Proverbios 24:33-34). El trabajo arduo es un valor bíblico (Colosenses 3:23; Eclesiastés 11:6). Un hombre debe trabajar, es una de las leyes de la vida. Dios "programó" a los hombres para trabajar.

LA IMPORTANCIA DEL TRABAJO DE SU ESPOSO

Un hombre comenzó a enseñar matemática en la escuela secundaria después que se graduó en la universidad. Dijo: "Al cabo de unos pocos años identifiqué dos problemas que creo que Dios me llama a tratar. En primer lugar, mis alumnos vienen a clase con problemas que la matemática no pueden resolver. En segundo lugar, los profesores cristianos de mi escuela no se conocen entre sí." Está orando por una visión acerca de cómo responder a estas dos necesidades. Dijo: "Me ordenaron para ser profesor de matemática."

Nuestro trabajo no es solo algo que hacemos para brindarnos una plataforma para el ministerio, sino que es un ministerio.

Todo hombre está "ordenado" para su trabajo. (Las mujeres también, ya sea dentro o fuera de la casa, pero ese es otro libro.)

Si buscara la palabra "secular" en una concordancia bíblica, ¿cuántas referencias cree que encontraría? La respuesta correcta es "cero". Eso se debe a que Dios no realiza ninguna distinción entre *sagrado* y *secular*. La idea de que realizamos trabajos seculares *o* de ministerio es una idea cultural, no bíblica.

La primera vez que el hombre de FedEx salió de su furgoneta para entregarme mi paquete observé dos cosas: en primer lugar, amaba a Dios (estaba bastante seguro de ello y él me lo confirmó); en segundo lugar, entendía que su trabajo *es* su ministerio. *Nuestro trabajo no es solo algo que hacemos para brindarnos una plataforma para el ministerio, sino que es un ministerio.*

Toda vocación es sagrada para el Señor. Nuestra vocación, o trabajo, es una extensión de nuestra relación personal con Dios. Noventa y cinco por ciento de nosotros nunca estará en el ministerio "ocupacional", pero eso no significa que no seamos ministros. Entonces, no se trata de si su esposo está o no en el ministerio, sino de si es o no *fiel* al ministerio en el que Dios lo "ordenó".

Existe un valor intrínseco en el trabajo de su esposo porque hace que la vida sea más fácil de vivir, crea tareas, contribuye a una sociedad ordenada, genera ingresos para cumplir con las obligaciones familiares, satisface su necesidad de trascendencia y cumple con el mandato bíblico de "satisfacer, regir y someterse" a la creación de Dios.

El trabajo es una prioridad para el hombre. Al mismo tiempo, el hombre debe encontrar un equilibrio con sus demás prioridades.

CUANDO LA OCUPACIÓN SE VUELVE PREOCUPACIÓN

Ocuparse significa "atarearse". Preocuparse significa "estar excesivamente absorbido o distraído". ¿De qué forma y por qué los esposos pasan de estar ocupados a estar preocupados en el ámbito laboral?

Como hombres, tendemos a preocuparnos por nuestro trabajo porque nos resulta estimulante, porque de allí derivamos nuestra autoestima, debido a la presión que ejercen nuestros empleadores y porque es la única manera de mantener nuestro estilo de vida. Examinemos cada una de estas tentaciones con mayor detalle.

ADICCIÓN

Los hombres se vuelven preocupados por su trabajo a través de la adicción. Se vuelven adictos porque su trabajo los vivifica. Les da brillo. Y es lo que *saben* hacer bien.

El esposo adicto tiene una sólida ética laboral. Preferiría trabajar antes que comer y con frecuencia lo hace. Su trascendencia suele arraigarse en la retroalimentación que obtiene en su trabajo. Le encanta la presión, el aroma de una gran transacción, la camaradería.

El "adicto al trabajo" tiene la noción sincera de que trabaja arduamente para su familia. Eso ocurre porque en un principio así fue.

Muchas veces el problema consiste en un hábito. Como lo expresó un hombre: "Disfruto haciendo todo lo que está frente a mí en ese momento." Disfruta del mismo modo de su esposa y su familia, pero a veces se "preocupa en exceso" por su trabajo y "se distrae."

> *El "adicto al trabajo" tiene la noción sincera de que trabaja arduamente para su familia.*

Muchos hombres saben que son "adictos al trabajo" y, sin embargo, no hacen nada al respecto. Hacia el final de su carrera, la esposa de un amigo bajó de la acera de la vereda, la atropelló una camioneta y murió. Mi amigo dijo: "Siempre pensé que iba a construir mi organización, que iba a trabajar intensamente. Y que luego tendríamos tiempo para estar juntos. Ahora eso no sucederá jamás. Ahora me doy cuenta de que la vida pende de un hilo."

IDENTIDAD

Un amigo mío se jubiló antes de tiempo de la organización que fundó y en la que durante veinte años ocupó un puesto importante. Unos tres meses más tarde, recibió un cheque de más o menos tres mil dólares de su antiguo empleador a modo de pago por algunos asuntos pendientes.

Fue con su auto a la ventanilla que estaba fuera del banco y desde el automóvil le dijo a la empleada que iba a depositar dos mil dólares y que el resto lo quería en efectivo. La empleada fue amable, pero le explicó que no le podía dar el dinero en efectivo en esa caja.

—Usted no entiende —le dijo indignado—. Puedo darle todas las evidencias que necesite para comprobar que soy la misma persona a la que está dirigido ese cheque.

—Lo lamento, señor. Pero no puedo hacer nada al respecto. Es una orden del banco —respondió ella.

—Permítame hablar con su supervisor —dijo comenzando a juntar presión.

—Sí, señor, ¿puedo ayudarlo en algo?

—Por cierto que puede —comenzó, y luego volvió a explicar lo que intentaba hacer.

—Me temo que ella tiene razón, señor. No se nos permite desembolsar esa cantidad de efectivo en esta ventanilla.

—Discúlpeme, pero ese es mi dinero y mi cuenta. Puedo darle todos los detalles que necesite para demostrarle que soy el que digo ser. Puedo decirle la fecha exacta en que se abrió la cuenta, mi saldo exacto y la fecha y el monto exactos de mi último depósito —dijo con firmeza.

—Lo lamento, señor. No puedo darle el efectivo, pero si quiere estacionar y entrar al banco, me ofrezco a ayudarlo.

Al escuchar esas palabras, dijo:

—¡Olvídelo!

Puso primera y arrancó echando humo. Cuando llegó a su casa le contó tímidamente lo sucedido a su esposa y dijo:

—En noventa días pasé de ser *¿quién es quién?* a *¿quién es ese?*

Luego se enteró de que no hubiera podido extraer dinero de esa caja aun cuando hubiera estado en su cargo. Esto, por supuesto, solo lo hizo sentirse más tonto.

Es muy común que los hombres depositen una parte demasiado grande de su identidad en el trabajo. Pareciera

ser que cuanto más éxito tenga el hombre, más estrechamente liga el estado de su persona al estado de su carrera
profesional.

Los hombres se vuelven más preocupados por su trabajo cuando allí es donde depositan su autoestima. Este es el
problema: Si lo que su esposo hace determina *quién* es,
¿quién es en realidad cuando ya no hace lo que hacía? Este
es un problema atroz para los hombres y, para asegurar su
identidad, a menudo se preocupan en exceso por su trabajo.

En la película *Courage Under Fire*, Denzel Washington
representaba el papel de un oficial del ejército con diecisie-
te años de carrera. Durante una crisis de fe en el ejército,
abandonó a su esposa y a su familia por un breve período.

Más tarde, sentados en el automóvil frente a su casa,
mientras trataban de arreglar las cosas, su esposa intentó
consolarlo diciéndole:

—Aprendí a ser una esposa del ejército. Dejar de hacerlo no me representaría ningún sacrificio.

—¡Pero es mi vida! —respondió él.

—Nosotros también somos tu vida —dijo ella.

SUPERVIVENCIA

En varias ocasiones escuché que el temor mayor de las mujeres es que le suceda algo a uno de sus hijos. Por supuesto,
los hombres también sienten el mismo temor. Sin embargo,
el temor más consciente de un hombre es no poder proveer
para su familia.

Muchos hombres se preocupan por su trabajo debido a
las presiones que sienten de su empleador o al temor de
perder su trabajo si no cumplen con las expectativas.

Al dijo: "Estuve en el campo de ventas toda mi vida. Me
siento agradecido por haber tenido siempre trabajo, pero
independientemente de cuánto vendía, la empresa siempre
quería diez por ciento más. Me deslomé trabajando y, cuando me jubilé, lo único que me quedó fue dolor de espaldas."

Jim trabajaba para una importante empresa electrónica. "Amaba mi trabajo, pero me exigían llevar un teléfono

móvil en todo momento." Dijo: "Sentía que estaba atado a una correa electrónica. Lo que al principio parece ser una buena herramienta termina siendo una muleta. En lugar de que las personas buscaran información fácilmente obtenible en sus archivos, se les antojaba llamarme a mí. Esto producía mayor presión."

El temor más consciente de un hombre es no poder proveer para su familia.

El hombre que intenta sobrevivir teme el clima de reducción de la empresa. El ejecutivo de una gran compañía de productos químicos cuenta que hace diez años la semana de trabajo promedio para su empresa era de treinta y ocho a cuarenta y dos horas. En la actualidad, es de cuarenta y cinco a cincuenta horas. Un hombre puede no tener muchas opciones, salvo cambiar de trabajo o bajar de categoría.

ESTILO DE VIDA

A veces los hombres se preocupan por su trabajo porque es el único medio de mantener el nivel de vida de su familia. Vivimos en la generación que no come sobras.

Un esposo con cinco hijos pequeños se enteró de que su cargo de gerente de ventas se iba a reestructurar de modo que sus ingresos anuales sufrieran una reducción de alrededor de diez mil dólares. Para poder mantener la casa de ciento ochenta mil dólares que adquirieron recientemente, su esposa ya trabajaba en un empleo de tiempo parcial.

Se deprimió y se retrajo de su familia. De todos modos, su matrimonio ya había atravesado por una gran crisis. Le pidió a su esposa que regresara a trabajar en un empleo de tiempo completo. ¿Por qué? Para mantener la casa.

Cuando un esposo debe trabajar en exceso para mantener un estilo de vida, la familia vive "justo" o "por encima de" sus medios. La vida puede (o no) parecer tranquila, pero por debajo de la superficie el esposo siente una inmensa presión por tener que evitar que se hunda ese barco sobrecargado. Poseen muchas cosas nuevas y hermosas, pero el esposo siente constantemente una presión causada por la exigencia sobre su rendimiento.

El problema del estilo de vida grandioso es que el hombre se convierte en una locomotora. Tiene que estar en la estación siguiente cada treinta días para pagar las cuentas, pase lo que pase. Cuando la familia continúa agregando vagones al tren, tiene que gastar cada vez más energía para cubrir el mismo recorrido. Siente la presión de seguir apilando leña, pues de lo contrario sabe que se quedará varado en medio de las vías.

El experto en finanzas y conductor de un programa de radio Larry Burkett dijo: "Si no vive de acuerdo con los ingresos del hombre, está viviendo más allá de sus medios." Es una filosofía, no de la Biblia, pero vale la pena meditarla.

Si tiene un minidepósito, quizá tenga más artículos de los que en realidad necesita. "Más vale un puño lleno con descanso, que ambos puños llenos con trabajo y aflicción de espíritu" (Eclesiastés 4:6).

¿CÓMO PUEDE AYUDAR A SU ESPOSO?

*E*l trabajo de un hombre es su vocación. Si su esposo no se siente feliz con su trabajo, no es feliz. Está diseñado, o inclinado para estar ocupado con su trabajo. El trabajo es un mandamiento y una recomendación. Todo hombre ha sido "destinado" a su trabajo.

Usted puede alentar a su esposo para que tenga una visión elevada de su vocación. Toda vocación es sagrada para el Señor. Enviarlo todos los días a realizar un trabajo honesto le otorga satisfacción y le permite proveer para su familia, que es su mayor preocupación.

Para un hombre, el trabajo es una prioridad. Al mismo tiempo, un hombre debe luchar por lograr un equilibrio con sus otras prioridades. Como hombres, tendemos a preocuparnos por nuestro trabajo porque:

- lo encontramos intoxicante: *Adicción*
- de allí derivamos nuestra autoestima: *Identidad*

- nuestro empleador ejerce presión sobre nosotros: *Supervivencia*
- es la única forma de mantener nuestro estilo de vida: *Estilo de vida*

Creo que trabajar largas horas de tanto en tanto es normal, necesario y hasta una parte saludable de la vida. Hay momentos en que un hombre debe hacerlo. Por ejemplo, cuando las tropas del rey David partieron a la guerra, debían estar preocupados con la tarea que debían realizar.

El problema surge cuando un proyecto provisional se convierte en horas permanentes. En algún momento, un hombre debe responder a la pregunta: "¿Dónde está tu fe?" El Salmo 127:2 dice: "Por demás es que os levantéis de madrugada, y vayáis tarde a reposar, y que comáis pan de dolores; pues que a su amado dará Dios el sueño." Esposa: apoye a su esposo en sus proyectos a corto plazo y aliéntelo a confiar en Dios en proyectos a largo plazo que exigen más de él. Aliéntelo a evaluar sus prioridades en forma periódica.

Por último, ¿está depositando una presión indebida sobre su esposo para que gane mucho dinero?

El hecho de trabajar largas horas de tanto en tanto es normal, necesario y hasta una parte saludable de la vida. Hay momentos en que un hombre debe hacerlo.

UNA REFLEXIÓN PARA LOS ESPOSOS

Nos crearon para trabajar. Para la mayoría de nosotros, el trabajo es nuestro medio más cómodo. Cuando un hombre se siente feliz con su trabajo, es feliz.

El trabajo es una prioridad para los hombres. A la vez, el hombre debe lograr un equilibrio con sus otras prioridades. Como hombres, tendemos a preocuparnos por nuestro trabajo porque:

_____ lo encontramos intoxicante: *Adicción*

_____ de allí derivamos nuestra autoestima: *Identidad*

____ nuestro empleador ejerce presión sobre nosotros: *Supervivencia*

____ es la única forma de mantener nuestro estilo de vida: *Estilo de vida*

Haga una evaluación para determinar cuánto se identifica usted con cada una de estas cuatro declaraciones. Si se identifica plenamente, califíquese con un "1", con un "2" si se identifica en parte, con un "3" si no se identifica con ninguna.

Complete esta oración: La expresión que mejor define la cantidad de tiempo que paso en mi trabajo es:

____ Escaso   ____ Equilibrado

____ Exagerado   ____ Adicto al trabajo

A continuación hay una serie de preguntas que le ayudarán a pensar más acerca de cómo está equilibrando sus prioridades.

EXAMEN PARA EVALUAR SI TRABAJA DEMASIADO

- ¿Se considera un adicto al trabajo?
- ¿Cuántas horas trabaja a la semana?
- ¿Desde cuándo tiene ese horario de trabajo?
- ¿Está sobrecargado de compromisos?
- ¿Tiene alguna afición?
- ¿Cómo se relaja?
- ¿Qué puntuación daría su esposa a su matrimonio?
- ¿Hace ejercicios físicos?
- ¿Puede descansar?
- ¿Cuánto tiempo de descanso se ha tomado en los últimos tres años?
- Si pudiera hacer lo que quisiera, ¿qué haría?
- ¿Cómo es su andar con Dios?
- ¿Utiliza sus dones?
- ¿Funciona su reloj de agotamiento?

- ¿Se divierte o simplemente trata de hacer lo que corresponde?
- ¿Podría tomarse un retiro personal?
- ¿Su esposa estaría de acuerdo o en desacuerdo con sus respuestas a estas preguntas?

Si no le fue demasiado bien en este cuestionario, tal vez haya llegado el momento de hacer una nueva evaluación.

Seis

Tentaciones

Las seis tentaciones persistentes contra las cuales luchan los hombres

Los esposos responden a la tentación en forma diferente que su esposa. Las mujeres tienden a huir de la tentación. A los hombres les gusta escaparse lentamente ¡con la esperanza de que la tentación los alcance!

¿POR QUÉ LUCHAN LOS HOMBRES?

Ningún hombre se dispone intencionalmente a fallar. Sin embargo, todos los días nos enteramos de hombres, hombres de Dios, que sí fallan. ¿A qué se debe? El hombre tiene un adversario, un rival. Seducir a su esposo para que se enamore del mundo es el opio del diablo. Atraer a su esposo para que se mantenga absorto con las cosas de este mundo es vencerlo moralmente.

Así como la llama atrae a la mariposa de la luz, del mismo modo el mundo seduce al hombre: "Acércate más." A no ser que los hombres nos mantengamos en constante alerta, comenzaremos a hacer lo que nos es lícito pero que no nos conviene (1 Corintios 6:12). Cuando un hombre vive muy próximo a la llama, sus malos deseos lo arrastran hacia la tentación y el pecado. El diablo estaría feliz de tener a su esposo a su merced.

La estamos ayudando a ver cómo es su esposo, qué siente por dentro, qué piensa y por qué cosas atraviesa. Es sorprendente que todos los hombres prácticamente atraviesan el mismo conjunto de tentaciones. La Biblia lo dice, y la experiencia lo demuestra: "No os ha sobrevenido ninguna tentación que no sea humana" (1 Corintios 10:13).

En otros capítulos hemos tratado o trataremos las luchas que su esposo enfrenta en el trabajo, la comunicación, su función como padre, la espiritualidad y el hecho de ser un esposo difícil. En este capítulo examinaremos seis tentaciones particularmente persistentes que los esposos deben enfrentar.

NEGLIGENCIA EMOCIONAL

*T*odas las mañanas, ella camina tres cuadras hasta el correo para buscar la correspondencia. Durante los últimos tres años, ha atendido el mostrador un hombre joven simpático y agradable.

Comenzaron a intercambiar comentarios de cortesía cuando iba a buscar la correspondencia y con el tiempo, naturalmente, empezaron a saludarse por su nombre de pila.

Estaba casada con un buen hombre pero, puesto que era un ambicioso y joven ejecutivo, su trabajo le consumía la mayor parte del tiempo y toda su energía. Incluso en las noches en que estaba en casa, siempre parecía estar ensimismado. Durante los primeros años de su matrimonio, de tanto en tanto le comentaba sobre su soledad. Pero, con un gesto de la mano, él rechazaba su preocupación.

Lo amaba mucho, pero el anhelo de una conversación íntima e importante le generaba presión interna. Un día se le ocurrió un pensamiento: *Nunca cambiará*. Caviló durante días sobre dicha idea que había cruzado por su mente.

Unos días más tarde, cuando fue a buscar la correspondencia, su amigo advirtió que estaba un poco deprimida.

—Hoy pareces estar un poco triste. ¿Qué te ocurre? —le preguntó.

—Ah... nada —respondió con firmeza. Y decidió dejarlo así.

Al día siguiente regresó al correo con mala cara y él decidió presionarla.

—Vamos, algo te sucede. Puedes contármelo.

—No, en realidad no es nada —respondió sin mucha convicción.

Él se contuvo de manifestar lo que pensaba, pero día tras día ella se mostraba más melancólica.

Su esposo se ve particularmente tentado a no darle lo que usted más necesita: unión emocional e intimidad.

Transcurrió una semana y él ya no se pudo contener.

—Pareces muy triste —dijo—. ¿Qué te sucede?

—Bueno... —dudó ella—. No es gran cosa. Es que mi esposo trabaja tanto...

El empleado del correo también se sentía solo y comenzaron a apiadarse uno del otro por sobre el mostrador. Un día, cuando ella entró, él tomó un receso para descansar y se sentaron a la mesa de la plaza ubicada al lado del correo y se contaron sus penas. Ella comenzó a programar sus idas al correo de manera que coincidieran con los descansos de él.

Solo quería conversar con alguien. Él solo quería ser su amigo. Ninguno planificó que algo sucediera, pero se desarrolló un fuerte vínculo emocional. Una cosa llevó a la otra.

Si bien cada una de las tentaciones persistentes que analizaremos en este capítulo están relacionadas con su vida, ninguna se identifica en forma más personal que la tentación que siente su esposo de pasarla por alto emocionalmente.

Su esposo se ve particularmente tentado a no darle lo que usted más necesita: unión emocional e intimidad. En nuestros seminarios para hombres lo primero que decimos sobre el matrimonio es que la mayor necesidad de una esposa es la intimidad. Esto significa que sé quién es usted al nivel más profundo y que lo acepto.

Les decimos a los hombres: "Una esposa quiere que su esposo le dé el primer lugar en su vida de la misma forma en que ella lo hace con él." Aunque los hombres ya han escuchado estas palabras, a veces durante años, a menudo no alcanzan a comprenderlas. Las esposas dan por naturaleza el primer lugar a su cónyuge. Los esposos no. Como dijo un abogado: "Durante veintitrés años, mi esposa me ha estado diciendo que preferiría tener la mitad del dinero y el doble de mí."

> *Las esposas tienen una tendencia natural a una relación amorosa íntima. Para los hombres es algo que se aprende.*

Creo que la propensión que tienen los hombres de obviar a su esposa en el fondo es la clave por la que Dios ordenó lo siguiente: "Maridos, amad a vuestras mujeres, así como Cristo amó a la Iglesia" (Efesios 5:25). Vale la pena destacar que la Biblia no les da una instrucción similar a las esposas. ¿A qué se debe esto? Las esposas tienen una tendencia natural a una relación amorosa íntima. Para los hombres es algo que se aprende.

La siguiente es una carta que recibí que demuestra lo que sucede cuando la tentación da paso al pecado de la negligencia emocional.

Soy la esposa de un hombre muy poco expresivo. Es tan parco que lo vivo como un rechazo personal. Amo a la gente y soy muy extravertida.

A veces siento que es necesario que nos peleemos para así lograr que tenga conciencia de mí o que me hable. Desde hace mucho que luchamos con esto. Lo amo y ambos somos cristianos. Intento ser una buena esposa y una buena madre. Sufro de baja autoestima porque él no me edifica en ese sentido. Siento que tiene un espíritu crítico hacia mí y que solo se fija en mis defectos.

Si pudiera decirles con énfasis a los hombres que las mujeres tienen una enorme necesidad de que les digan cosas tales como: "Eres bonita... Está muy rica la cena que preparaste... Soy muy feliz de que seas mía", realmente esto haría maravillas en su matrimonio. Tengo apetito de este tipo de palabras agradables.

Intento darle el trato que yo desearía recibir. Le digo que es inteligente, buen padre, buen esposo. Sé que no le resulta natural exteriorizar sus sentimientos ni ser muy alentador. Sin embargo, creo que si pudiera ayudar a estos esposos callados por naturaleza que están casados con esposas extrovertidas, estaría ayudando a una gran cantidad de matrimonios que luchan en el aspecto de la comunicación.

Solo necesito un poco de amabilidad, sobre todo verbal. Necesito que sea mi mejor amigo. Estoy cansada de relaciones sexuales como acto de reconciliación. Necesito amor. Es como si tuviéramos un divorcio emocional.

LUJURIA

Mike ama a Dios de todo corazón. Sin embargo, tenía por costumbre mirar a las mujeres bellas. Un día se dio cuenta que lo que hacía era un pecado contra su esposa. Se comprometió a dejar de mirar y codiciar.

"Un día, no mucho después", dijo Mike, "estaba sentado en un restaurante terminando mi comida. De reojo advertí que una mujer muy sensual estaba entrando al restaurante. Estaba decidido a no mirarla ni codiciarla.

"No sabía qué hacer, de modo que oré y le pedí ayuda a Dios. Mientras lo hacía, advertí que quedaban tres arvejas en mi plato. Decidí concentrarme en esas arvejas y comencé a mirarlas con mucha atención.

"Sentí que tenía la cabeza atrapada en un gigantesco tira y afloja. Una fuerza hacía que mi mentón se levantara para mirar a esa mujer. La otra fuerza empujaba mis ojos hacia esas tres arvejas. Era una lucha sin cuartel entre un antiguo hábito y un nuevo compromiso. Tenía la cara medio entornada hacia ella, pero mis ojos luchaban por mantenerse pegados a esas arvejas.

"Finalmente, la batalla comenzó a ceder. Unos pocos instantes más tarde terminó. Gané. Dios tuvo una victoria espiritual. Aún me siento tentado a mirar con codicia, pero Dios me ha dado el poder de triunfar cada vez que le pido ayuda."

Todo hombre que diga que no lucha contra la tentación sexual miente o bien no es heterosexual.

Cierto día, unos meses más tarde, Mike llevó a su esposa a almorzar a un restaurante. Mientras esperaban la cuenta, ella dijo: "Mike, he advertido que ya no miras más a las mujeres. Simplemente quería decirte que lo valoro. Muchas gracias."

Todo hombre que diga que no lucha contra la tentación sexual miente o bien no es heterosexual.

Lejos de su casa, en un congreso, siete pastores fueron a almorzar juntos y los atendió una mesera increíblemente hermosa y sensual. La reacción química era palpable. La tentación sexual que sintieron era tan fuerte que todos farfullaron su pedido sin levantar los ojos del menú para no mirarla. Al dirigirse a la cocina para ordenar sus pedidos, todos permanecieron callados con la vista fija en sus propios manteles individuales. Se podía oír la energía sexual que crujía en el aire.

Finalmente, el más viejo de todos rompió el hielo con su propia e inimitable manera de expresarse:

—Bueno, Dios creó el cielo y el infierno.

—Ah, sí —asintieron todos.

—Hizo todo lo que existe y todo lo que en ellos hay —dijo después.

—Sí, es cierto —acordaron.

—Y creó a la humanidad —continuó.

—Sí, Dios creó a la humanidad —corearon con cadencia perfecta.

Luego el pastor miró hacia la puerta de la cocina por la que desapareció la mesera, asintió con la cabeza y dijo:

—Y qué bonita humanidad creó, ¿verdad?

Todos se rieron a carcajadas y se quebró el hechizo. Nadie pronunció palabra, pero al mirar alrededor de la mesa podían verlo en los ojos de cada uno. *Yo lo sentí cuando se acercó a la mesa, ¿lo sentiste tú? Sí, yo también lo sentí. Te perdono, ¿me perdonas tú? Sí, te perdono, ¿estás bien? Sí, estoy bien.* Y se terminó. Pero sucedió. Sucedió porque eso les pasa a los hombres.

Los hombres se estimulan sexualmente en forma visual. Como lo dijo un hombre: "Mis tres grandes tentaciones son el dinero, el orgullo y los biquinis." La visión de una mujer de buenas formas caminando por la calle o de una modelo escasa de ropa con la que se topa al hojear una revista se entremete en la mente de un hombre como un invitado que entra sin golpear la puerta.

La velocidad de la cultura actual deja a muchos hombres vacíos de la energía espiritual necesaria para reflexionar sobre sus tentaciones y de la energía moral para resistirse a ellas.

Tal vez la cosa más importante que debe saber es que cuando su esposo mira a una mujer con deseo, de ninguna manera significa que no la ama a usted. Sin embargo, es una tentación que debe controlarse.

Hace poco vi al cartero en la calle de nuestra casa. Nunca recojo la correspondencia. Hacía años que no lo hacía. Pero, puesto que mi mujer no estaba en casa, pensé que pudiera hacer algo agradable y ayudar. Mientras volvía a entrar a casa estaba mirando la correspondencia y me saltó a la vista un inesperado catálogo de Victoria´s Secret que intentaba hincar sus dientes en mi yugular. ¡Lo arrojé al suelo y salí corriendo de allí!

La revista *Focus on the Family* [Enfoque a la familia] de enero de 1993, divulgó que un notable treinta y siete por ciento de los pastores confiesan haber tenido un comportamiento sexual impropio con alguien de la iglesia. ¿Qué le sugiere esto a la feligresía?

Hace muchos años, Eddie era un muchacho como cualquier otro. Nunca fue "malo" pero, como muchos jóvenes, era proclive a hablar sobre mujeres y a observar el tipo de fotografías que no convenía mirar. Eddie se casó y al poco tiempo entregó su vida a una fe personal en Dios. Cuando nació su primer hijo, Eddie comenzó a asentarse.

Una mañana, en su clase de estudio bíblico, el grupo trató el tema de la tentación sexual. Luego del encuentro, Eddie, cristiano de menos de dos años, llevó a un lado al líder.

"Tengo que hablar de esto", le dijo. "A decir verdad, me siento bastante aliviado. Pensé que era el único hombre cristiano vivo que debe luchar contra la lascivia al nivel que lo hago yo. Me cuesta mucho. Hay días en que la tentación es una lucha espiritual de gran magnitud que dura todo el día hasta el punto de quedar exhausto al llegar a casa."

La velocidad de la cultura actual deja a muchos hombres sin la energía espiritual necesaria para reflexionar sobre sus tentaciones y sin la energía moral para resistirlas.

Un hombre sumamente respetado caminaba después del amanecer. Al pasar por una casa advirtió que la luz estaba encendida detrás del vidrio translúcido de una gran ventana de un baño.

Puesto que no había un alma en las cercanías, y como la más negra oscuridad envolvía el resto de la calle, se sobresaltó al ver el contorno de una mujer que parecía bailar o hacer ejercicios tras la ventana.

"He estado caminando con Dios durante mucho tiempo", dijo. "Acababa de pasar un hermoso tiempo en quietud con el Señor. Sin embargo, en un abrir y cerrar de ojos, alguna fuerza se abalanzó sobre mí e intentó arrastrarme hacia la ventana para mirar más de cerca. Me alejé a la mayor velocidad posible, pero me asusta pensar que siquiera haya ocurrido."

Vivimos en una cultura demasiado estimulada en el campo sexual. Una nueva ética sexual lleva a todo hombre más cerca del borde de la tentación sexual. En realidad, no hay dónde recurrir. Lo que hace treinta años hubiera estado reservado para revistas de hombres, ahora aparece todos los días en anuncios de ropa interior del periódico. Un hombre tendría que tener los ojos vendados para escapar a esta tentación.

Por supuesto, la tentación sexual no es nueva. Incluso Job, el amigo de Dios, reconoció su tentación de mirar con lascivia: "Hice pacto con mis ojos. ¿Cómo pues había yo de mirar a una virgen?" (Job 31:1).

La mejor manera de resistir la tentación sexual es huir. Luego de casarse, un hombre insistió en mantener su hábito de visitar salones de masajes bastante cuestionables. Su interés no era terapéutico. Desesperada, su esposa llamó al mejor amigo de su esposo para que intercediera, quien intentó razonar con él. Hoy día ese hombre lleva un estilo de vida del todo pagano y abandonó a su esposa y a sus hijos.

DIOSES FALSOS

Cuando Bob Buford cumplió cuarenta y cuatro años, examinó sus grandes logros y lo atacó el "pánico del éxito". *¿Es esto todo? ¿Cuánto es suficiente? ¿Y ahora qué?*

Lo que hace que la historia de Bob sea particularmente conmovedora es que no se trata de un cristiano apartado ni "tibio". Muy por el contrario. Enseñaba en la Escuela Dominical, tenía un maravilloso matrimonio, ningún hábito dañino y nada qué esconder.

Decidió contratar a un destacado consejero de planificación estratégica para que lo ayudara en su vida privada. "En mis horas de mayor necesidad, la gracia me condujo a un ateo", recuerda Bob.

Al comenzar sus sesiones, Bob planteó sus temas. *¿Qué debo hacer? ¿Cómo puedo ser más útil? ¿Qué valores le dan sentido a mi vida? ¿Quién soy? ¿Hacia dónde voy? ¿Cómo llego allí?*

Después que el consejero lo escuchó, le hizo una sola pregunta:

—¿Qué hay en la caja?

A Bob le tomó por sorpresa.

—¿A qué se refiere? Por favor, explíquemelo.

—Bueno, lo he estado escuchando durante casi dos horas y no puedo elaborar un plan sincero para usted hasta que identifique la fuente principal. Por eso, le pregunto qué hay en la caja. En su caso, pudiera ser dinero o bien Jesucristo. Si pudiera decirme cuál es, le podría decir las consecuencias de la planificación estratégica que corresponden a su decisión. Si no puede decírmelo, oscilará entre esos dos valores y estará confundido.

> *La mayoría de los hombres oculta alguna ambición secreta que compite con una entrega plena al señorío de Cristo.*

Luego de reflexionar en las implicaciones durante unos pocos minutos, dijo:

—Bueno, tiene que ser uno o el otro, colocaré a Jesucristo en la caja.[1]

A propósito, a pesar de todos sus temores de tener que convertirse en un misionero o ir a un seminario, Dios lo dejó cumpliendo casi las mismas funciones, pero con una perspectiva completamente nueva.

La historia de Bob es igual a la de todos los hombres. No muchos hombres cristianos se sienten tentados a adorar a un ídolo *o* a Dios. En cambio, la tentación consiste en adorar a un ídolo *y* a Dios. Muchos hombres intentan colocar dos (o más) cosas en la caja.

La idolatría es el error que consiste en adorar o rendir homenaje a cualquier poder u objeto que no sea Dios.[2] Cuando un hombre busca al Dios que quiere, al que lo malcriará y le permitirá hacer las cosas a su modo, construye un ídolo. Los cristianos culturales no adoran al Dios que es, sino a "otro dios", a un ídolo.

Ya sea que anhelen logros, dinero, placer, posesiones, poder, prestigio o posición, los hombres son, como dijo Juan Calvino, "fábricas de ídolos". Ese es nuestro trabajo. Fabricamos ídolos. La mayoría de los hombres oculta alguna ambición secreta que compite con una entrega plena al señorío de Cristo. Intentan poner dos cosas en la caja.

DINERO Y DEUDAS

El ídolo principal de los hombres es el dinero y lo que se puede comprar con él. Para los hombres, el dinero es intoxicante. Con frecuencia, la iglesia recompensa a los hombres por amar al dinero.

Un predicador rural lo dijo de este modo: "Si un hombre se emborracha con whisky, lo echamos de la iglesia. Si se emborracha con las riquezas, lo convertimos en diácono."

El materialismo es el "ismo" que un hombre puede amar. En *El hombre frente al espejo* conté la historia de cómo manipulé a mi esposa para poder llegar a usar un reloj suizo de oro macizo. Aquí está el resto de la historia. Más tarde, Dios hizo que me sintiera culpable por mis motivaciones. Me sentí tan culpable que vendí ese reloj ostentoso. Sin embargo, acto seguido me compré otro reloj tan caro como el primero aunque no lo parecía. Es una adicción difícil de dejar. (Al final, también vendí el segundo reloj.)

Jesús dijo que el dinero era su principal competidor. Lo expresó de este modo en la Biblia: "Ninguno puede servir a dos señores; porque o aborrecerá al uno y amará al otro, o estimará al uno y menospreciará al otro. No podéis servir a Dios y a las riquezas" (Mateo 6:24).

La tentación no consiste en amar a Dios *o* al dinero. La tentación es amar a *ambos*. La tentación para los hombres es intentar tenerlo todo sin tener que decidirse por algo. Consta en sumar a Jesús a su vida sin dejar de lado su ambición secreta. Es lamentable, pero un hombre no puede amar ambas cosas. Entonces, si se aferra al dinero, a la larga menospreciará a Dios.

Quizá el principal problema de hoy no sea que los hombres se ven tentados a *ganar* más dinero, sino que se ven tentados a *pedir prestado* más dinero del que pueden devolver.

Un pastor sin deudas me escribió diciendo:

Más de setenta por ciento de mis hombres están en la actividad agrícola y ganadera. Si les digo algo con respecto a mi visión de la deuda, su respuesta es: "Sí, pero usted nunca estuvo en esta actividad. No se puede llevar adelante este negocio sin grandes préstamos y deudas."

Tres de mis hombres van a participar en una empresa de construcción de viviendas. "Parece ser muy prometedor"., dicen. Sin embargo, implica tomar prestado mucho dinero del banco.

Algunos de mis hombres están bajo una presión increíble. Granizo, sequía y mal tiempo han hecho que este año resultara particularmente decepcionante.

Hace un año, a uno de mis mejores hombres su abogado le aconsejó que se declarara en bancarrota, cosa que no hizo. "Es probable que este año pierda cincuenta mil dólares", me dijo el domingo pasado. Está realmente bajo mucha presión y estrés... ¡y está trabajando a más no poder! Es poco el tiempo que le queda para su esposa y sus dos hijos adolescentes.

¿Qué consejo puede darle a este tipo de hombre cristiano? ¿Es posible tener éxito en los negocios, en la construcción, en la agricultura o en la ganadería sin todo este riesgo, esta presión y sin asumir grandes deudas?

¿Que consejo le daría *usted* a este pastor?

La Biblia no fomenta la deuda. En efecto, la Biblia está llena de advertencias en contra de la deuda y ofrece muchos consejos acerca de cómo superar las consecuencias negativas de estar atrapados por las deudas. Además, *nunca* se recomienda tener deudas.

Cuando nos enfrentemos a una situación que no tenga ningún mandamiento específico en la Biblia, es nuestro deber ser sabios. Estos son algunos pasajes que nos ofrecen un consejo sabio:

- "El rico se enseñorea de los pobres, y el que toma prestado es siervo del que presta" (Proverbios 22:7)

- "Con ansiedad será afligido el que sale por fiador de un extraño; mas el que aborreciere las fianzas vivirá seguro" (Proverbios 11:15).

- "El hombre falto de entendimiento presta fianzas, y sale por fiador en presencia de su amigo" (Proverbios 17:18).

- "No debáis a nadie nada, sino el amaros unos a los otros" (Romanos 13:8).

- "No seas de aquellos que se comprometen, ni de los que salen por fiadores de deudas. Si no tuvieres para pagar, ¿por qué han de quitar tu cama de debajo de ti?" (Proverbios 22:26,27)

En mi caso, no les presté atención a estos últimos versículos de Proverbios 22:26-27, lo cual hizo que me metiera en dificultades. Como dice un amigo: "Podemos elegir nuestro camino, pero no el resultado."

Cuando en 1986 se aprobó la ley de reforma impositiva en Estados Unidos, todo el capital dejó de fluir a bienes raíces apalancados. Me encontré con una montaña de garantías personales sobre hipotecas, sin un financiamiento permanente a la vista, con un mercado de capitales estancado, un mercado con exceso de especulación y ninguna salida. Pasé por alto la sabiduría de Proverbios causando una verdadera maraña en mis negocios. Demoré siete años para endeudarme. Lo que menos me imaginaba en aquel entonces era que también me harían falta otros siete agonizantes años para poder salir de ella.

En enero de 1987, mientras leía Proverbios, vi los siguientes versículos como nunca antes me impactaron, ¡parecían estar dirigidos a mí personalmente!

Hijo mío, si salieres fiador por tu amigo, si has empeñado tu palabra a un extraño, te has enlazado con las palabras de tu boca, y has quedado preso en los dichos de tus labios. Haz esto ahora, hijo mío, y líbrate. Ya que has caído en la mano de tu prójimo; ve, humíllate, y asegúrate de tu amigo. No des sueño a tus ojos, ni a tus párpados adormecimiento; escápate como gacela de la mano del cazador, y como ave de la mano del que arma lazos.

Proverbios 6.1–5

Hasta la ley de la reforma impositiva de 1986, mi objetivo principal para los negocios fue "desarrollar novecientos veintinueve mil metros cuadrados de espacio comercial para el 28 de agosto de 1992". A partir de que estos versículos se conectaron conmigo de manera "existencial", me planteé como objetivo principal de mi vida "liquidar por completo las deudas". Apliqué el principio de Proverbios 6. Si bien me llevó siete dolorosos años lograrlo, puedo decir que hoy día no le debo nada a nadie salvo la continua deuda del amor.

Estar libre de deudas ha liberado una enorme creatividad y energía. Ya no me consume planificar y estudiar cómo realizar pagos de deudas. Ya no tengo problemas en volver a dormirme cuando me despierto a las dos de la madrugada. Ya no soy esclavo de los prestamistas. Ya no siento que un monstruo marino me está hundiendo. Recuperé el aliento. Ya no siento estrés en mi matrimonio. Por cierto, requiere de menos energía ganarse la vida que ganarse la vida y pagar deudas.[3]

Si su esposo (o usted) lucha con el dolor que le ocasiona tener demasiadas deudas, pregúntese: "¿Vale la pena toda la tensión y el esfuerzo?" Quizá juntos puedan desarrollar un plan para aliviar parte de la presión vendiendo algunas posesiones cargadas de deudas. Tal vez ayudaría tener un presupuesto más ajustado. Ore pidiendo sabiduría. Incluso, si necesita tanto tiempo salir de la deuda como le llevó meterse en ella, los años que sigan serán de gozo.

LAMENTOS

¿*T*iene en su vida a un hombre que se lamenta?

La Biblia revela una larga historia de lamentadores. A través de la Biblia las personas cuestionaban la suficiencia del cuidado de Dios: los egipcios que perseguían al pueblo de Moisés, el maná que no era lo bastante bueno, los gigantes que los hacían parecer saltamontes.

Una de las tentaciones más persistentes que enfrentan los esposos es rezongar. ¿Por qué los hombres se sienten tan tentados a lamentarse? El tema crucial es si su esposo aceptó o no lo que le tocó en la vida. Si no lo ha hecho, y especialmente si siente que las cosas no salen como quiere, se sentirá tentado a rezongar y a quejarse.

Cuando su esposo ve a otros hombres que progresan con mayor rapidez, generalmente siente resentimientos, celos, envidia y rencor. Desprecios, percibidos o reales, le torturan el ego.

Para comprender por qué los hombres se sienten tentados a quejarse, vale la pena destacar dos cosas. En primer lugar, ya no vivimos en un huerto. Nos echaron fuera (Génesis 3:23-24). El mundo no es un jardín de rosas, sino un zarzal, un jardín de piedras, una jungla de cemento. Scott Peck comienza su libro *The Road Less Traveled* [El camino menos transitado] con estas palabras: "La vida es difícil."[4]

En segundo lugar, en la vida hay cardos y espinas y Dios las puso allí para nuestro bien y porque nos ama. Los cardos y espinas nos ayudan a crecer. Un aguilucho no dejará su nido hasta que su madre quite el lecho de plumas. En cuanto esas ramas filosas pinchan al pequeño aguilucho, este se siente motivado a pasar a la siguiente etapa.

Los hombres tienden a pensar: *Si pudiera volver al huerto, todo estaría bien.* Pero no se puede volver un huevo revuelto a su estado original. No se puede volver a escribir la historia.

Cuando los bebés tienen un berrinche, gimotean y lloran hasta que se dan cuenta de que no pueden obtener lo que desean. Una vez que su esposo acepte lo que le tocó en la vida: que ya no vive en el huerto, que esas ramas lo pinchan para su bien, dejará de sentirse tentado a lamentarse y seguirá con el programa positivo. Como dijo el apóstol Pablo: "He aprendido a contentarme, cualquiera que sea mi situación" (Filipenses 4:11). Para los hombres cristianos que gimotean, ya es hora de que lo superen.

Cuando un hombre se vuelve cristiano, es por naturaleza una persona positiva o negativa. Es triste, pero la tendencia no es al cambio. Sin embargo, la decisión de ser cristiano implica una responsabilidad de volverse una persona positiva y una obligación de no quejarse.

Los creyentes trabajan en el mismo terreno que los no creyentes. La tarea de un hombre es ayudar al mundo a observar una diferencia en la forma en que los creyentes y los no creyentes responden ante zarzas, cardos y espinas.

ORGULLO

A principios de la década de 1840, a un joven doctor, Ignaz Semmelweis, lo promovieron a jefe de una sala de maternidad. Advirtió que las mujeres que enfermaban y morían eran las que profesores y alumnos examinaban.

Instituyó una política en su maternidad que establecía que todo médico y estudiante de medicina que participaba en autopsias debía lavarse cuidadosamente las manos antes de examinar a las pacientes de la maternidad.

Antes de establecerse la nueva norma murieron cincuenta y siete mujeres. Luego de instituir la norma de lavado, el índice de mortalidad se redujo abruptamente, indicando así que las infecciones fatales pasaban de los muertos a los vivos.

Más tarde, un grupo de doctores, después de seguir el procedimiento de Semmelweis, entró a la sala de maternidad y examinó a doce pacientes. Once de ellas tuvieron fiebre y murieron.

Entonces se le ocurrió a Semmelweis que no se trataba solo de que las enfermedades fatales pasaran de los muertos a los vivos, sino que también de los *vivos* a los vivos. A partir de ese momento, a todos los doctores se les ordenó lavarse cuidadosamente luego de examinar a *cada* paciente. Aullidos de protesta se levantaron en contra del procedimiento de lavado, pero el índice de mortalidad bajó aun más.

Sin embargo, en vez de darle el mérito a Semmelweis, sus pares lo menospreciaban tanto que no le renovaron su contrato anual. Su sucesor botó todas las vasijas de lavado y la mortalidad volvió a elevarse, pero aun así se negaban a creerle.

Ocho meses más tarde, Semmelweis finalmente consiguió un puesto similar en Budapest. Volvió a introducir los mismos procedimientos de higiene con los mismos resultados pero, para su sorpresa, sus colegas incluso se negaban a dirigirle la palabra.

Documentó sus hallazgos en un libro que recibieron con amargo sarcasmo. La presión fue tan grande que finalmente tuvo un colapso mental e Ignaz Semmelweis murió en una institución para enfermos mentales.[5]

Hoy día nuestro entendimiento de la transmisión de gérmenes es algo que damos por sentado. Sin embargo, durante muchos años el "orgullo del hombre" evitó que este conocimiento se convirtiera en una práctica preventiva común, incluso a la luz de la evidencia abrumadora. Es increíble cuán profundamente puede el orgullo de un hombre oscurecer su mente.

En 1973 un robo relativamente pequeño ocurrido en una oficina del edificio Watergate, construido con forma de bumerán frente al río Potomac, en Washington D.C., derribó la presidencia de Richard Nixon.

Sin embargo, no fue tanto el robo, ni siquiera el encubrimiento, lo que irritó a la gente, sino el orgullo testarudo de Nixon. En lugar de simular que no había hecho nada malo, ¿qué habría pasado si desde un principio Nixon hubiera aparecido en la televisión admitiendo su error y pidiendo disculpas? La gente puede perdonar.

Lo mismo sucede en nuestro matrimonio. El orgullo testarudo casi siempre impide que el esposo (o la esposa) se humille y reconozca que se equivocó. Los hombres pueden ser muy testarudos. El orgullo hace que algunos hombres prefieran evitar hablar sobre sus sentimientos y entonces pasan por alto emocionalmente a su esposa.

La tentación del orgullo viene en más paquetes que los que puede encontrar en la bolsa de Papá Noel. La forma más habitual es que un hombre mire con desdén a los demás, al igual que el orgulloso fariseo que estaba feliz por no ser como el recaudador de impuestos que se golpeó el pecho y pidió misericordia. El orgullo es un pecado de comparación en el que un hombre equipara sus fuerzas (percibidas) con las debilidades de otras personas.

La tentación del orgullo viene en más paquetes que los que puede encontrar en la bolsa de Papá Noel.

Sin embargo, igualmente insidiosa es la tentación que tiene un hombre por mirar con rechazo a otras personas a las que les va mejor o lograron más cosas.

En una oportunidad, mi empresa construyó un edificio de oficinas con garaje en la ciudad. Mudamos allí nuestras oficinas centrales y a mí se me asignó un espacio en el sector especial de estacionamiento para ejecutivos, en el sector más cercano al acceso del edificio.

Se asignaron esos lugares especiales de aparcamiento al personal ejecutivo de compañías arrendatarias, mientras que el resto de los empleados debían luchar por conseguir el primer lugar que encontraran.

Para sentir en carne propia cómo era aparcar en el sector "general" del garaje, decidí dedicar algunos días a "competir" por los lugares no asignados disponibles para todos.

Todos los días estacionaba y pasaba cerca de los ejecutivos que salían de sus automóviles. Creí percibir una actitud sutil, esnobista, que decía "Soy mejor que tú". Quizá se debía a mi fecunda imaginación, pero en realidad me impactó.

Comencé a sentir un intenso orgullo por no ser tan altanero que me era necesario aparcar en el "sector esnob". Me sentía orgulloso de cuán humilde era.

Al cabo de una semana me vi en un serio problema. Solo había tenido la intención de aparcar en los lugares "generales" durante algunos días para saber qué se sentía. Pero a medida que tomé conciencia de un caso agudo de "orgullo invertido", advertí que necesitaba trabajar con mis emociones. No podía trasladarme al sector de aparcamiento para ejecutivos hasta que dejara de sentirme tan superior a los ejecutivos debido a mi "humildad".

Lo increíble es que necesité nueve meses para superar mi orgullo y llegar a un lugar en el que no sentía resentimiento con relación a los ejecutivos con los que me cruzaba. Al final, el Señor me liberó, pero no lo hizo hasta demostrarme con cuánta facilidad me siento tentado al orgullo de la vida.

El orgullo es, con frecuencia, la enfermedad de hombres jóvenes. Un hombre joven casi siempre cree que puede lograr todo lo que se propone. Piensa que sabe más que nadie. Tiene un sentimiento de autosuficiencia.

Al igual que la mayoría de los hombres, cuando era adolescente creía saber más que mis padres, a los veinte, más que mi esposa y a los treinta más que mis socios comerciales. La gracia de Dios ayuda a un hombre a pasar del orgullo a la humildad asestándole golpes a través del tiempo. A partir de los cuarenta años, la mayoría de los hombres comienza a "suavizarse".

CÓMO PUEDE AYUDAR A SU ESPOSO

Usted conoce a su esposo. Conoce sus tentaciones persistentes. Revise la lista:

- Negligencia emocional
- Lujuria
- Dioses falsos
- Dinero y deudas
- Lamentos
- Orgullo

Tal vez su esposo conozca su problema o quizá no. Esté consciente o no del mismo, no cabe duda que las tentaciones le resultan embarazosas. Su mayor contribución será ayudarlo; su mayor desafío, no avergonzarlo. Tal vez pudiera sugerirle leer este capítulo y luego intercambiar ideas. Pregúntele: "¿Cuáles de estas son tentaciones con las que luchas en forma periódica? ¿De qué manera contribuyo a tu tentación? ¿Cómo puedo orar por ti?"

Me doy cuenta de cuán profundamente puede usted verse afectada, hasta devastada, cuando su esposo sucumbe a dichas tentaciones. Puede llegar a tambalear la seguridad de su mundo. Puesto que lo ama, permanecerá a su lado, pero déjeme alentarla a recurrir a Cristo para una seguridad genuina.

UNA REFLEXIÓN PARA LOS ESPOSOS

Como esposa, su mayor contribución será ayudar a su esposo y su mayor desafío, no avergonzarlo.

Oscar Wilde dijo alguna vez: "Puedo resistir cualquier cosa excepto la tentación." Un ex pastor que cayó en el pecado sexual dijo: "Los hombres cristianos golpean la puerta de Satanás para poder flirtear con la tentación." ¿Por qué nos sorprende tanto cuando nos responde?

En este capítulo le expliqué a su esposa seis esferas en las que nosotros, los hombres, nos sentimos persistentemente tentados:

- Negligencia emocional
- Lujuria
- Dioses falsos
- Dinero y deudas
- Lamentos
- Orgullo

Dedique unos momentos para revisar las ideas principales que están bajo cada subtítulo y luego responda las siguientes preguntas:

1. ¿Cuál de estas tentaciones persiste en su vida?
2. Describa en una oración el precio que pagó en la relación con su esposa, por ceder a la tentación en cada esfera en la que tuvo que luchar.
3. Resuelva estudiar las Escrituras para cada tipo de tentación persistente. Acepte la autoridad de las

Escrituras, entregue su vida en fe y camine en el poder del Espíritu Santo.

Segunda parte

Compañerismo

¿Qué necesita un esposo de su esposa?

Recientemente, mi esposa Patsy y yo asistimos a una cena sorpresa de homenaje que nuestro amigo Ben organizó para su esposa, Julie. Nunca habíamos escuchado hablar de algo así y, con suma curiosidad, acordamos asistir.

Todos los invitados llegaron al salón de banquetes media hora antes que Julie. Ben nos reunió y nos dijo que Julie pensaba que asistiría a una cena organizada por la iglesia. Al parecer, nadie le había contado nada.

Cuando Julie llegó, todos la saludamos con mucho afecto y comenzó a sospechar. Sin embargo, Ben no estaba aún preparado para contarle de nuestro pequeño secreto. Durante los siguientes treinta minutos, Ben contestó con evasivas mientras Julie sin cesar lo sondeaba intentando obtener información.

Finalmente, los invitados se sentaron y Ben dijo: "Quisiera agradecer a cada uno de ustedes por haber venido esta noche. Julie, estos amigos se reunieron hoy aquí para apoyarnos a los niños y a mí en expresarte nuestro amor por ser una madre y esposa tan maravillosa."

A continuación, Ben reconoció haber cometido muchos errores. Confesó que a menudo su trabajo lo absorbía. Le agradeció por mantenerse firme a su lado. Expresó su gratitud por la gran tarea que había hecho con los niños.

Luego de la cena, Ben presentó a un cantante que interpretó varias canciones de amor dedicadas a Julie. Luego, un capellán presentó un conmovedor devocional. Cada uno de los niños contó una anécdota sobre "mamá" y le entregó un regalo. Ben cerró la noche con su propio tributo y luego le entregó flores junto con una placa que decía: Premio 1996 a la Esposa del Año.

Usted es la única amiga de verdad que tiene su esposo.

Jamás se ha visto una persona más anonadada. Créame.

Fue una noche gloriosa. Lo que más me impactó fue que nunca había asistido a un acontecimiento como ese y dudo que en los próximos años me vuelvan a invitar a otro similar. Solo un esposo en un millón haría algo parecido a esto (sé que esa idea nunca se le hubiera ocurrido a este aburrido escritor). Sin embargo, la mayoría de los hombres ama profundamente a su esposa, aun cuando le cueste manifestarlo.

LA PRINCIPAL NECESIDAD DE UN ESPOSO

¿*P*uedo decirle algo que tal vez le resulte difícil de aceptar? Usted es la única amiga de verdad que tiene su esposo.

Sea cual fuere el grado de comunicación que tengan, sin duda es usted la persona con la que se comunica de manera más profunda. A diferentes escalas, la mayoría de los hombres son solitarios. Como un esposo le dijo a su mujer: "No tengo ningún amigo de verdad además de ti."

En una encuesta que conduje mientras realizaba investigaciones para este libro, se les pedía a los hombres que completaran varias oraciones inconclusas. Una de estas oraciones decía: "Mi mayor necesidad en el matrimonio es _____." Como se imaginará, los hombres dieron una amplia gama de respuestas. Sin embargo, al analizarlas, los dos temas principales que surgieron fueron *compañerismo* y *apoyo*.

UN PLAN MAESTRO

Dios creó la luz. Dios vio que la luz era *buena*.

Dios creó los cielos, la tierra y los mares. Dios también vio que estas cosas eran *buenas*.

Dios creó las plantas y los árboles. Y vio que las plantas y los árboles eran *buenos*.

Dios creó la luna, el sol y las estrellas. Dios vio que eran *buenos*.

Dios creó las aves y los peces. Dios vio que ellos también eran *buenos*.

Dios creó todo tipo de animales. Dios vio que los animales eran *buenos*.

Dios creó al hombre. Y Dios vio que el hombre era *bueno*.

A continuación, Dios disfrutó con la vista de todo lo que creó y no solo era bueno, sino que era *muy* bueno.

Luego Dios se tendió en su hamaca celestial y descansó.

Al poco tiempo Dios ubicó al hombre en el huerto y dijo: "Trabaja y ocúpate de este lugar." Entonces, a la mañana siguiente, cuando salió el sol, el huerto floreció, los ríos fluyeron y el hombre entró y comenzó a trabajar.

Dios advirtió dos problemas. En primer lugar, todo lo que hizo no solo era *bueno,* sino *muy* bueno, salvo que el hombre estaba solo y, entonces... eso *no* era bueno. El primer problema que reconoció Dios fue que no era bueno que el hombre estuviera solo.

Necesidad número 1:
El problema de estar solo: Compañerismo

Cuando era un joven soldado del ejército, recuerdo el dolor de estar solo. La conversación entre amigos tiene un límite. No tenía con quién hacer planes, nadie con quien compartir un sueño. Luego del servicio militar asistí a la universidad, pero me volví a encontrar solo. Todo hombre llega a un punto en el que ansía tener con quien compartir su vida. Yo me encontraba en ese punto.

Un día vi a Patsy caminando por la calle y pensé: *Allí va la mujer con la que quisiera pasar el resto de mi vida*. Le pregunté: "¿Querrías salir conmigo el viernes por la noche?" Me contestó que no, pero esa es otra historia. Al final, después de varios intentos, aceptó salir conmigo a cenar.

Luego de despedirnos de la pareja que salió a cenar con nosotros, volvimos a mi apartamento de la residencia universitaria. Mis vecinos se habían ido el fin de semana y yo debía encargarme de alimentar a los peces, entonces ella me ayudó. Hablamos. Nos reímos. Exploramos la perspectiva de la vida, los valores y los sueños que tenía cada uno. Escuchamos música y hablamos sobre nuestras canciones favoritas. Hablamos de las cosas que nos motivaban a cada uno.

> *Más que nada en el mundo su esposo necesita y desea una socia y compañera para toda la vida.*

Antes de darnos cuenta, el sol espió por la ventana. Literalmente, ¡nos habíamos pasado toda la noche hablando! No nos cansábamos el uno del otro. Supe que esta era la mujer a la que quería entregarme, a la que quería atender y hacer feliz. Luego me enteré que Patsy también sintió lo mismo.

No debería sorprenderle que la mayor necesidad de su esposo en el matrimonio es el *compañerismo*. Los hombres expresan esta necesidad con palabras como "amor, afecto, cosas en común, relación, tiempo juntos a solas, felicidad, amor creciente, acercamiento, alguien con quien compartir la vida, total intimidad, afecto físico, tacto, una socia para toda la vida, su mejor amiga".

Más que nada en el mundo su esposo necesita y desea una socia y compañera para toda la vida. Ansía contarle sus sueños, penas y alegrías. Lo que los esposos dicen es: "Me gusta más como soy cuando estoy contigo."

Era una carrera sensacional, pero requería que Curtis viajara todas las semanas. Puesto que estaba fuera dos, a veces tres, noches a la semana, su esposa e hijos se adaptaron a la situación. Construyeron una atareada vida propia.

Cuando Curtis llegaba a casa, percibía que ni sus hijos ni su esposa lo extrañaron mucho ni que les importara demasiado que estuviera de regreso. Cuando sugería que hicieran algo juntos, todos ya tenían sus propios planes.

Curtis comenzó a luchar con sentimientos de dolor y rechazo. Sentía que su esposa no valoraba los sacrificios que hacía para proveer para su familia. Tomaba los rechazos (reales o percibidos, ¿quién lo sabe?) en forma personal. Durante repetidos intentos por hablar del tema con su esposa, ella desestimaba lo que él sentía diciendo que era demasiado sensible y le aseguraba: "Te quiero mucho."

Su esposo no conocerá jamás la felicidad duradera y la satisfacción hasta que aprenda a amarla y servirla con fidelidad.

Sin embargo, en el fondo sentía que ya no lo necesitaba y que los niños satisfacían todas las necesidades de amor que ella tenía. Los sentimientos de rechazo y aislamiento se intensificaron con el paso de los años. Luego de numerosos pedidos de atención sin obtener respuesta, un día se fue de la casa.

Los esposos, expresivos o no, tienen una necesidad otorgada por Dios de compañerismo que solo la esposa puede satisfacer. Cuando ellas no satisfacen esta necesidad básica de amor y afecto (a menudo solemos pensar que esta es solo la necesidad de la esposa y nos olvidamos que el esposo también la siente), el esposo se siente descorazonado.

No solo tiene una necesidad incorporada de que se entregue a él, sino que también tiene una necesidad incorporada de entregarse a usted. Su esposo no conocerá jamás la felicidad duradera y la satisfacción hasta que aprenda a amarla y servirla con fidelidad. Muchos esposos todavía no han entendido esta realidad.

Si el primer problema que advirtió Dios era que no es bueno que el hombre esté solo, ¿cuál es el segundo?

Necesidad número 2:
El problema de necesitar ayuda: Apoyo

Dios "formó" al hombre con propósitos específicos en mente, así como un alfarero moldea un recipiente dándole la forma que desea. Le dio al hombre el sello de una identidad, una réplica de su propia imagen. Le encargó que gobernara, llenara, incrementara y dominara la tierra. Dios contrató al hombre como obrero de mantenimiento del paisaje, escribió su perfil laboral y le dijo que cuidara, protegiera y atendiera el huerto de Dios.

El segundo problema que reconoció Dios sobre el hombre es que necesitaba ayuda para lograr estas encumbradas metas. La tarea era demasiado grande y solitaria para que el hombre la emprendiera solo.

Esto es lo que hizo Dios (versión humorística). Dios dijo: "Bueno, veo que no es bueno que el hombre esté solo. Ahora bien, ¿cómo puedo resolver este problema? ¡Ya sé! Le daré a Adán un perrito y lo llamaré Rover. Será el mejor amigo del hombre... No, eso no dará resultado. Necesita un amigo, pero también necesita un asistente.

"¡Ya sé lo que haré! Le daré un caballo para trabajar. ¿No?... ¿Quizá un buey?... No, eso tampoco dará resultado. En realidad, necesita un amigo y un asistente, pero también necesita alguien con quien hablar. Hmmm...

"¡Ya sé! Haré otro 'hombre' y podrán ver fútbol juntos, hablar sobre automóviles y jugar al golf... No, esto tampoco dará resultado. Es cierto que necesita un amigo y un asistente y alguien con quien hablar, pero también necesita a alguien que lo ayude a dominar la tierra...

"¡Ya sé! ¡Crearé una empresa y le daré colaboradores para que lo ayuden a cuidar el huerto!... No, eso no dará resultado. El huerto no es el único lugar en que el hombre necesita ayuda. Necesita ayuda en el hogar y necesita ayuda para llenar la tierra con otras personas como él. Este hombre... ¡mírenlo! ¡Necesita todo tipo de ayuda!

"Veamos. Necesita un amigo para que no se sienta solo. Necesita un ayudante para hacer su trabajo. Necesita un compañero con quien hablar. Necesita ayuda en el trabajo y en la casa. Y necesita ayuda para hacer pequeños hombres. Hmmm...

"¡Ya sé ¡Ya lo tengo! ¡Crearé una mujer!"

Entonces, Dios hizo dos cosas: creó una mujer e instituyó el matrimonio.

El matrimonio es una fusión misteriosa y espiritual de dos vidas distintas en una sola carne. ¿Qué era el hombre hasta que la mujer fue tomada de su cuerpo? Un ser solo y necesitado de ayuda. Nuestro Creador omnisciente siempre previó la creación de la mujer y del matrimonio.

Tampoco le sorprenderá saber que la otra gran necesidad de su esposo en el matrimonio, además del compañerismo, es el *apoyo*. Los hombres expresan esta necesidad con palabras tales como "mayor comprensión, aliento, confianza, un refugio seguro, valoración, respeto, afirmación, aceptación, sentirse importante". Lo que los esposos dicen es: "Ayúdame por favor", y "Necesito que me alienten".

> *El matrimonio es una fusión misteriosa y espiritual de dos vidas distintas en una sola carne.*

En una encuesta nacional realizada para *Cumplidores de Promesas*, se les preguntó a los hombres por qué cumplían sus promesas. Las respuestas más comunes fueron: *participación en grupos pequeños de iglesia* y *esposas que los apoyaban.*[1]

Un querido hombre envió esta conmovedora carta:

> Debo admitir que formo parte del grupo que no respondió a su encuesta acerca de qué quiere el esposo que su esposa sepa sobre el hombre para ser utilizada como fuente de su libro. ¡Lo lamento! Por favor, permítame transmitirle lo que siento que es vitalmente importante que las mujeres sepan sobre los hombres.
>
> Esposas: en el aspecto emocional no somos tan fuertes como aparentamos. Sí, tomamos decisiones, pero a menudo luchamos hasta con decisiones muy

sencillas. Sí, somos grandes cazadores, guerreros y competidores, pero necesitamos desesperadamente el firme aliento y apoyo de nuestra esposa.

Dios me ha bendecido con una hermosa esposa de treinta años que sabe cuán importante es para mí el aliento. Recientemente tuve que irme de la ciudad en un viaje de negocios por espacio de una semana. Mi esposa ocultó una nota en mi equipaje, sabiendo que la encontraría al finalizar el día al desempacar en mi solitario cuarto de hotel.

Decía: "¡Te amo, cariño! Gracias por ser un esposo tan especial. Por ser alguien que se preocupa lo suficiente por su familia como para levantarse muy temprano por la mañana e ir a trabajar para mantenerlos. Un hombre que dedica gran parte de su tiempo y energía a su hijo y a sus amigos, enseñándoles. Un hombre que dedica tiempo al Señor todos los días para guiarnos en Cristo.

"¡Qué maravilloso es que el Señor me haya conducido a ti! Oro por ti a diario, amor mío. Le agradezco por ti, por haberme dado a este esposo con quien pasar mi vida. Ruego que él te dé fuerza, paz y alegría. Espero que esta semana transcurra rápido para todos nosotros. Ruego que Dios te guarde. Te amo más ahora, cariño, que el día en que dije: 'Hasta que la muerte nos separe.'"

No cuento esto por orgullo, sino por gratitud. Soy un viajante y los cuartos de hotel pueden, en ocasiones, parecerse más a prisiones. He lidiado durante varios años con ideas de que Dios me está conduciendo a hacer otra cosa, algo que no me separe de mi familia por tanto tiempo. ¿Pueden ver cuánto consuelo y bienestar puede hacer sentir a un esposo una nota como esta? Permanece en mi Biblia y la leo cada vez que necesito un refuerzo de aliento.

¿Algo insignificante? Quizá, pero no para el hombre que guarda la nota en su Biblia. ¿Por qué haría eso un hombre?

EL MATRIMONIO ES UNA DIVISIÓN DEL TRABAJO

Para 60,7% de las mujeres casadas, ayudar a su esposo significa trabajar fuera del hogar.[2] Sin duda, la ayuda económica es un apoyo. Para otras, significa administrar su hogar mientras su esposo gana el pan.

Ya sea que su "apoyo" sea económico, emocional y hogareño, lo que su esposo desea y necesita más que nada es percibir que ambos están juntos en esto. Que lo valora. Que como es el principal sostén de la familia (habitualmente), lo respaldará en el frente del hogar. Que pueden dividir el trabajo y conquistar.

En el equipo de fútbol de mi hijo, cada jugador tiene una posición asignada en el campo de juego. Mediante la práctica, cada jugador se vuelve excelente en lo que hace mejor. Al practicar como equipo, aprenden a trabajar juntos en forma eficiente. Luego, durante los partidos, hasta un observador puede percibir una química y una armonía. Como cada individuo juega en su puesto formando parte de un equipo mayor, pueden pasarse la pelota con habilidad por el campo hasta que un hombre logra convertir un gol.

Los mejores matrimonios tienen una división del trabajo "acordado". No lo dejan al azar.

Una división del trabajo bien pensada es algo hermoso de observar, ya sea un equipo deportivo, un negocio, una familia o un matrimonio, en particular si todos valoran el aporte de los demás. Los mejores matrimonios tienen una división del trabajo "acordado". No lo dejan al azar.

CAUSA DE MUERTE: UNA GRAN PENA

Su nombre era Lee Burke. Junto a su esposa, Mae, se ganaba la vida a duras penas dirigiendo un restaurante en la vieja estación de trenes de Albert Lea, Minnesota, y atendiendo una pequeña granja de la familia en las cercanías de Hayward.

Era alrededor del año 1928. Una de las seis hermanas de Mae, Ida, se había casado bien, con el señor Erikson, el banquero de Albert Lea. Lee Burke debe haber hecho algo terrible, puesto que su cuñado, el señor Erikson le dijo: "Vete del pueblo." Y eso es precisamente lo que hizo. Lee Burke abandonó a su esposa y a sus cuatro hijos. Harry, el mayor, tenía diez años. Al parecer, Lee Burke era un estafador, un artista para embaucar, una manzana podrida.

Al poco tiempo de abandonada, Mae tuvo un ataque cerebral que le produjo una hemiplejia. A partir de ese momento arrastraba sus palabras y una pierna. Luego, perdieron la granja y se mudaron al pueblo a vivir con dos de las hermanas de Mae, Rena, una viuda que poseía una casa, y Nina, que nunca se había casado.

Para ayudar a mantener la familia, el pequeño Harry iba a trabajar en un camión de una panadería antes de la escuela, después que salía de la escuela trabajaba en una carnicería y durante los fines de semana trabajaba en una gasolinera. Luego, su hermano menor, Bob, lo ayudó en el camión de la panadería y repartía periódicos para ganar dinero. Se levantaban a las tres de la madrugada y todos los días tenían que justificar en la escuela sus llegadas tarde.

Nina se ocupó del arduo trabajo de criar a los niños. Ganaba un modesto salario como operadora del ascensor del edificio del banco local. Camino a casa, se detenía en la tienda de comestibles, donde le permitían comprar todo lo que quisiera y pagar como pudiera. Si debía cincuenta dólares, pero solo podía pagar veinte, no había problema. Todos se daban una mano.

Un día, Mae estaba escuchando un programa de radio de Fargo, Dakota del Norte, y oyó mencionar el nombre de su esposo. Lo habían arrestado por algo; nadie se acuerda exactamente por qué. Eso fue lo último que supieron de él.

Lee Burke era el alias que Harry Sidney Morley utilizó luego de abandonar a su familia. Lee Burke fue mi abuelo.

Mi abuela murió cuando yo era un bebé. Algunos dicen que murió de pena. Mi madre cuenta que mi abuela me sostenía en sus brazos con frecuencia, pero yo no la recuerdo.

El tema de mi abuelo siempre ha sido delicado, pero recientemente pude preguntarle a mi padre sobre él. Dijo: "Nunca lo extrañé. No lo mencioné por mamá."

En 1961, Lee Burke se puso en contacto con mi padre y con sus otros tres hijos. Luego de treinta y tres años, el único que mostró interés fue mi tío Harry. Viajó con su esposa y sus tres hijos a Peoria, Illinois, para encontrarse con él. Vivía en un complejo de viviendas subvencionadas por el gobierno; era un hombre viejo y destruido.

Cuando Patsy se casó conmigo, también se casó con mi historia, una historia sobre la cual no sabía prácticamente nada. En parte lo que soy es el producto del rechazo hacia la mala conducta de mi abuelo. Todos hemos oído historias sobre hombres que repiten los pecados de sus padres. Mi padre no lo hizo. En realidad, valoro que mi padre eligiera romper con el pasado. Gracias, papá.

Cuando me casé con Patsy, yo también me casé con su historia. Le agradezco a Dios que tanto mi padre como el padre de Patsy fueran ejemplos claros de cómo debo amar y valorar a mi esposa.

Creo que hay un pequeño "Lee Burke" en todo hombre. Es el sentimiento de pánico que sobreviene cuando siente que todo se le viene encima. Quizá todos hayamos pensado en dejar todo, hombres y mujeres por igual, en algún momento.

Gracias a Dios que la mayoría de los esposos no considerarían jamás la posibilidad de abandonar a su familia. Cumplirán sus responsabilidades divinas. Sin embargo, cuando las esposas ofrecen amistad, alientan, ayudan, respetan y apoyan a su esposo, dan un paso enorme hacia inocular su matrimonio en contra de la muerte por una gran pena.

CONCLUSIÓN

Es cierto que cada vez más hombres están entablando amistades sólidas con otros hombres mediante grupos de apoyo en los que pueden rendir cuentas unos a otros, pero incluso en esas situaciones permanece una cierta cautela. Como dijo Oswald Chambers: "¿Cuál es la señal de que alguien es un amigo? ¿Que le cuenta todas sus penas secretas? No, que le cuenta sus alegrías secretas. Muchos le confiarán sus penas secretas, pero el mayor signo de intimidad está en confiar las alegrías secretas."[3]

Regocíjese cuando su esposo actúa como un niño. Usted es la única persona con la que actuará de manera tan tonta. Usted es la mejor amiga que su esposo ha tenido jamás.

CÓMO PUEDE AYUDAR A SU ESPOSO

Cuando era joven, un amigo mío afroamericano perfeccionó una forma de caminar que decía "No se metan conmigo", para que los demás niños supieran que era rudo. Algunas veces, cuando entraba a su casa, se olvidaba en qué "modalidad" estaba. Su madre le decía: "¡Déjese ahora mismo de tonterías! ¡Ya está en su casa!"

Como hombres, nos esforzamos por comunicar el mensaje de que somos autosuficientes, que tenemos todo bajo control y que todo marcha bien. Pero usted conoce la realidad. "Ya estamos en casa."

La vida nos propina una golpiza (a hombres y mujeres por igual). Afuera hay una guerra y volvemos a casa para que nos curen las heridas. Volvemos a casa porque, si bien nos encanta hacer lo que debemos, necesitamos una tregua de la batalla. Seamos compañeros. Tratemos de ver cómo podemos apoyarnos mutuamente a través de una división del trabajo. Al fin y al cabo, estos son los dos problemas que Dios quería resolver creando a dos en lugar de uno.

¿En qué esfera le brinda más apoyo a su esposo? Piense en algún ejemplo de cómo ha sido compañera y amiga de él.

¿Cómo cree que la calificaría su esposo en las siguientes escalas?

"Mi esposa es mi mejor compañera..."

☐Siempre ☐Habitualmente ☐A veces ☐Rara vez

"Mi esposa me apoya..."

☐Plenamente ☐Casi siempre ☐Un poco ☐Nunca

Basándose en sus respuestas, ¿hay algo que deba hacer?

UNA REFLEXIÓN PARA LOS ESPOSOS

Dos de las grandes necesidades que los hombres tenemos en cuanto al matrimonio son el *compañerismo* y el *apoyo*.

Cuando invertimos en el bienestar emocional de nuestra esposa, la liberamos para cumplir su destino como amiga y asistente.

La mejor manera de obtener lo que necesitamos es practicar la regla fundamental de todas las sociedades civilizadas: "Haz con los demás lo que quisieras que ellos hagan contigo."

Cuando invertimos en el bienestar emocional de nuestra esposa, con tiempo, conversación, caricias significativas, amor incondicional, humor y amistad, la liberamos para cumplir su destino como amiga y asistente.

¿En qué aspecto su esposa lo ha apoyado más? Piense en un ejemplo de cómo ha sido una compañera y una amiga para usted.

A veces tenemos la tendencia a no dar la consideración debida a nuestra esposa cuando nuestras necesidades se ven satisfechas. Califique a su esposa en las escalas siguientes:

"Mi esposa es mi mejor compañera..."

☐Siempre ☐Habitualmente ☐A veces ☐Rara vez

"Mi esposa me apoya..."

☐Plenamente ☐Casi siempre ☐Un poco ☐Nunca

¿Por qué no decirle cuánto valora su compañerismo, amistad, aliento y apoyo? Pregúntele si está de acuerdo con sus respuestas. Tengan un breve intercambio de ideas sobre cómo pueden ser mejores amigos.

Estamos programados no solo para *necesitar de* nuestra esposa, sino para *darle a* nuestra esposa. Tenemos una necesidad incorporada de entregarnos a la mujer de nuestra vida. Para ser plenamente felices debemos amar y servir con fidelidad a nuestra esposa. ¿Lo ha estado haciendo? Si es así, lo felicito. Si no es así, ¿qué debe hacer?

Ocho

Intimidad física

¿Qué otra cosa necesita un hombre de su esposa?

Ambas partes de un matrimonio desean y necesitan intimidad física, lo que incluye tanto *intimidad sexual* como *caricias no sexuales*.

Sin embargo, casi inevitablemente, cada uno quiere o necesita más de una que de la otra. Por lo general, el esposo quiere más relaciones sexuales, mientras que la esposa quiere más caricias.

EL PODER DEL TOQUE FÍSICO

Hace varios años, los sueños de una joven pareja comprometida, se hicieron añicos cuando un terrible accidente automovilístico le produjo a él un coma irreversible a los veintitrés años de edad.

Su novia dijo: "No tenía ningún motivo para tener esperanzas, has-

El esposo quiere más relaciones sexuales, mientras que la esposa quiere más caricias.

ta que advertí en uno de los monitores que su corazón latía más rápido cuando le hablaba."

Los doctores no le dieron importancia manifestando que era una coincidencia, pero ella comenzó a visitarlo todos los días. Se sentaba a su lado hablándole, acariciándolo y besándolo. Su madre dijo: "Pasan horas juntos y ha sido así durante cuatro años. Nunca he llegado a contar cuántos besos le da ella."

El toque físico libera poder. Es como tomar cables de arranque y conectar una batería cargada a una descargada.

A principios de 1995, luego de cuatro años en estado de coma, recobró la conciencia.[1]

Los hombres, al igual que las mujeres, responden al toque físico. Cerca del principio de la crisis del SIDA recuerdo estar viendo un programa de televisión sobre la princesa Diana dándole la mano a un paciente de SIDA. Ese solo hecho de tocarlo tuvo un profundo impacto en todo mi modo de pensar, como estoy seguro que les sucedió a otras personas.

El toque físico es una de las fuerzas más poderosas de Dios. Una mujer de la Biblia pensó: *Si solo pudiera tocar el borde del manto de Jesús.* Cuando pudo tocar su manto, él se detuvo y dijo: "Alguien me ha tocado, porque yo he conocido que ha salido poder de mí" (Lucas 8:43-46).

En un experimento realizado en el Instituto de Investigaciones del Toque Físico de la Facultad de Medicina de la Universidad de Miami, los investigadores les dieron masajes todos los días durante cuarenta y cinco minutos a bebés prematuros. En un breve lapso de diez días, esos bebés tuvieron un aumento de peso cuarenta y siete por ciento mayor que los bebés que no se tocaban con regularidad.[2]

El contacto físico convierte al amor *potencial* en amor *real*. El toque físico libera poder. Es como tomar cables de arranque y conectar una batería cargada a una descargada. Cuando nos tocamos se produce una transferencia de energía de una persona a la otra.

Me encanta que mi esposa, Patsy, me toque. En realidad, nunca me basta. A su esposo también le encanta que lo toque. No es solo una cosa "de mujeres".

EL DON DE LA INTIMIDAD SEXUAL

El placer sexual es un bello don de Dios para las parejas casadas. Hablando en términos bíblicos, ¡las relaciones sexuales son buenas! La intimidad sexual debe proporcionar la mayor de las dichas, el mayor gozo, el placer, la unidad y la felicidad de la vida humana.

Sin embargo, muchas parejas se pasan toda una vida luchando en este aspecto. En uno de esos cócteles de negocios de compromiso al que debimos asistir, Patsy oyó por casualidad a un hombre y a dos mujeres hablando sobre la frecuencia con que hacían el amor con su cónyuge. Luego de recuperarse de su atragantamiento, Patsy escuchó que una mujer decía: "Mi esposo quiere tener relaciones todo el tiempo. Nosotras, las mujeres, somos las que tenemos que hacer todo el trabajo." Un trago después agregó: "Y yo detesto hacerlo."

LA RELACIÓN SEXUAL ES UN TEMA IMPORTANTE

Los viernes por la mañana enseño estudio bíblico en Orlando a ciento cincuenta hombres. Dichos hombres provienen de cuarenta y cuatro iglesias diferentes representando trece denominaciones distintas. Sus edades oscilan entre los veinte y los ochenta años. Tenemos ejecutivos, vendedores, camioneros, bomberos, obreros, funcionarios electos, pastores, obreros cristianos a tiempo completo y jubilados, lo que a usted se le ocurra. El tema es que este es un grupo representativo de hombres muy disperso.

Una mañana dije: "Quisiera hacer una encuesta sobre la importancia que reviste la relación sexual para los hombres. Les daré tres opciones posibles: *No* es un tema importante para ustedes, es un tema de *mediana* importancia o uno de *gran* importancia.

Cuando les pedí que levantaran las manos, nadie lo hizo para expresar que las relaciones sexuales "no fueran importantes". Un puñado de hombres señaló que era "un tema medianamente importante". Más de noventa y cinco por ciento de los hombres levantaron una andanada de manos para expresar que es "un tema importante" para ellos.

LOS ESPOSOS DESEAN TENER MÁS RELACIÓN SEXUAL

A principios de mi carrera, trabajaba como instructor a tiempo parcial en una escuela para formación de martilleros públicos. Un día, caminaba con otro instructor unos diez años mayor que yo desde nuestro hotel en Tampa, hasta el lugar de reunión. Él estaba casado con una mujer increíblemente atractiva. Mientras caminábamos, dijo: "En realidad, estoy muy felizmente casado. Tenemos un matrimonio maravilloso en casi todos los aspectos. Pero, a decir verdad, tenemos una vida sexual muy aburrida."

El estímulo sexual de un hombre es uno de sus impulsos más fuertes, especialmente cuando no se ve satisfecho.

¡Su declaración me dejó sin habla! Yo tenía veinticuatro años y estaba recién casado. No podía imaginar que lo que decía fuera cierto. En los años subsiguientes descubrí que este es un patrón que se observa en los hombres.

La relación sexual es el principal elemento que los hombres quisieran tener más.

El estímulo sexual de un hombre es uno de sus impulsos más fuertes, sobre todo cuando no se ve satisfecho. El deseo sexual fue lo único que llevó a la desgracia al rey David. A la mayoría de los hombres les resulta difícil ejercer control sobre su excitación sexual. A los esposos los motivan más la relación sexual que su esposa. Hablando en términos generales, simplemente no es un impulso tan fuerte en las mujeres.

Prácticamente todos los hombres experimentan atracción, excitación y tentación *varias* veces al día. Puede ser el perfume de una mujer, un anuncio sobre ropa interior femenina, una foto en una cartelera, la forma en que se viste una mujer, el roce del hombro de una mujer o una mujer caminando por la oficina.

Si pudiera sintetizar lo que creo escuchar que dicen los hombres, sería lo siguiente: "Sé que necesito ser más sensible a tus necesidades y espero que me ayudes a comprender cómo hacerlo. También necesito que tú seas más sensible a mis necesidades. Lo que en realidad quisiera es que tomaras la iniciativa con un poco más de frecuencia."

Un hombre quiere y necesita una vida romántica activa. Un esposo necesita el amor físico al igual que una esposa necesita el amor emocional. Un esposo necesita gratificación sexual al igual que una esposa necesita muestras constantes de amabilidad.

CÓMO SE CREÓ ÉL PARA LA RELACIÓN SEXUAL

Los esposos y las esposas llegan al lecho matrimonial con conceptos y expectativas del todo diferentes. Es como colocar el Polo Norte y el Ecuador en la misma habitación.

Su esposo considera la relación sexual como todo lo demás en la vida. Es un *proyecto*. Es un hombre cumpliendo una *misión*. Para su esposo, la relación sexual es repentina, es impulsiva, es intensa, es salvaje, es rápida, es furiosa, ¡se terminó!

> *Un esposo necesita gratificación sexual al igual que una esposa necesita muestras constantes de amabilidad.*

Recientemente, un asesor de planificación estratégica me presentó el concepto comercial del "hecho crítico". La idea subyacente es: ¿Qué debe suceder en la esfera más baja de una organización para que la empresa tenga éxito?

Por ejemplo, para la Coca-Cola se trata de que alguien tome una lata de su marca en lugar de una Pepsi. Para la Delta Airlines es que alguien adquiera un pasaje de esta compañía. ¿Cuál cree usted que sea el hecho crítico que despierte el deseo sexual de su esposo?

Casi todo. Para un hombre, la excitación es visual, instantánea y completa. Puede excitarse cuando por accidente la ve a medio vestir o vistiendo esa parte superior de su pijama favorito de franela, al observar una película romántica, si pasaron tres días, ¡o incluso cuando lee este párrafo!

CÓMO SE CREÓ ELLA PARA LA RELACIÓN SEXUAL

¿Cuál es el "hecho crítico" para la esposa? Para las esposas el deseo sexual es un subproducto de muchas pequeñas gentilezas recibidas durante la semana. Para ella, el deseo bulle desde profundos pozos de conversación íntima y momentos compartidos con su amado esposo. Es una respuesta a la caricia no sexual que él invierte en ella durante la semana.

Ella desea un compañero del alma; él quiere una amante.

Para las esposas el deseo sexual es lento, meditativo, ganado. La excitación es una decisión que toma basada en una respuesta al amor emocional que recibe de él. Ve la relación sexual igual que todo lo demás. Es una *relación*.

Entonces, él dice: "¡Hagamos el amor y después hablaremos!"

Ella dice: "No, no, no... Dediquemos tiempo a beber profundamente de verdad uno del otro, aprendiendo a conocernos y luego hagamos el amor para celebrar."

¿Cuál es la diferencia? Ella desea un compañero del alma; él quiere una amante.

Toda pareja puede mejorar notablemente su vida sexual si comprende las diferencias sexuales que existen entre esposo y esposa. Esposas: ¿hablan periódicamente con sus esposos sobre las prioridades de cada uno respecto al sexo? ¿Cuáles son los requerimientos y los deseos sexuales de su esposo? ¿Comprende él las necesidades y prioridades que tiene usted? Él quiere ser un socio divertido y fiel y espera que usted también lo sea.

CÓMO PUEDE AYUDAR A SU ESPOSO

La relación sexual es lo que los esposos más quisieran incrementar en su matrimonio.

Acaricie a su esposo varias veces al día besándolo, abrazándolo, apretándolo, mimándolo, tomándolo de la mano y sentándose lo más cerca posible en el sofá para que haya contacto físico. A los hombres les encanta el contacto físico. Túrnense dándose masajes a las espaldas con frecuencia.

Aliente a su esposo diciéndole cuánto disfruta cuando él la acaricia y bríndele ejemplos específicos sobre cómo hacerlo. Recuérdeselo cada tanto. Nadie puede recordar todo.

¿Cómo calificaría la relación sexual con su esposo?

□ no es un tema importante
□ tema de mediana importancia
□ muy importante

¿Cómo cree que su respuesta se compararía con la de él?

Una cosa sé con seguridad y es que la relación sexual el elemento principal que los esposos quisieran incrementar en su matrimonio.

Si pudiera resumir en una oración lo que creo escuchar decir a los hombres, sería esto: como lo mencioné anteriormente, los esposos dicen: "Lo que en realidad quisiera es que tomaras la iniciativa con un poco más de frecuencia." Su esposo tiene un apetito sexual mayor que el que quizá le diga. Es un impulso muy fuerte en su vida y muchas frustraciones se eliminan cuando disfrutan con frecuencia del lecho matrimonial.

¿Es el placer sexual un bello don de Dios en su matrimonio? ¿O acaso es motivo de lucha? De ser así, ¿cuánto se debe a que usted no es sensible al deseo de su esposo de tener una mejor relación sexual?

Del mismo modo, usted tiene necesidades de amor emocional. Sean francos acerca de cómo satisfacer las necesidades sexuales y emocionales el uno del otro.

Vuelva a leer las secciones *Los esposos desean más relación sexual* y *Cómo se creó él para la relación sexual*. ¿Lo sabía? ¿Confirma sus sospechas al respecto? ¿De qué manera los temas tratados en este capítulo pueden ayudarla a tener una relación física más vital?

UNA REFLEXIÓN PARA LOS ESPOSOS

Nosotros, los hombres, tenemos un impulso sexual totalmente diferente al de nuestras esposas. Queremos relaciones sexuales al instante y luego pasamos al proyecto que sigue.

Sin embargo, nuestra esposa quiere disfrutar de la intimidad sexual como un subproducto de una relación de amor más profunda construida sobre los cimientos de conversación frecuente, tiempo significativo juntos y pequeñas atenciones recibidas durante la semana, tales como abrirle la puerta para que pase, levantar los platos de la mesa luego de cenar y la ayuda mutua.

Además, a nuestra esposa le encanta el toque físico: abrazos rápidos, abrazos prolongados, palmadas en los brazos o en los hombros, apretarle la rodilla o la mano, rodearle los hombros con nuestro brazo, caminar por la tienda de la mano, besos y sentarse en el sofá lo suficientemente cerca como para que haya contacto físico mientras ven televisión.

Se presenta un problema serio cuando usted le hace exigencias físicas a su esposa sin haber hecho antes una inversión emocional a cambio.

Haga planes de invertir amor emocional en su esposa. Estas son algunas sugerencias:

1.   Acaricie y bese a su mujer todos los días.

2. Háblele acerca del día que ha tenido ella, cuéntele sobre el suyo. Hágalo con interés.

3. Establezca un momento para hablar con su esposa sobre su relación sexual. (Cuanto más le incomode, quizá más tiempo haya pospuesto lo que debiera hacer con regularidad.) Simplemente, hágalo.

Pregúntele a su esposa: "¿Cuáles son dos o tres cosas que pudiera hacer para que nuestra relación sexual fuera más significativa y placentera para ti?" Escuche atentamente sin darle una respuesta superficial y rápida. No se sienta herido tomando las cosas de manera personal. Reconozca lo que cree que ella le está queriendo decir. Aclare lo que no entiende. Afirme sus intenciones. Por último, ofrezca tres o cuatro sugerencias que harían que su relación sexual fuera más significativa y placentera también para usted.

Nueve

Comunicación

¿Qué desean expresar los hombres pero les resulta difícil hacerlo?

¿Verdadero o falso? Los maridos son malos comunicadores.

Antes de responder, juguemos un poco sobre este tema.

Nuestras encuestas demuestran que las esposas tienen dos grandes quejas sobre su esposo cuando se trata de la comunicación. Yo le pregunté a mi esposa, Patsy, si podía adivinar cuáles eran y las palabras fluyeron sardónicamente de su boca: "No hablan y no escuchan."

Sin embargo, si desea elogiar a un hombre acerca de cómo se desenvuelve en su trabajo, ¿qué diría? "Bueno, logra su cometido." Muy bien... pero, ¿por qué?

"Porque trabaja mucho." Muy bien... pero, ¿cómo?

"Bien, expresa bien sus ideas. Sabe cómo conseguir lo que quiere. Uno puede realmente comprenderlo. Se explica muy bien. Además, escucha con atención. Comprende la situación. Uno en realidad puede hablar con él."

En otras palabras, él puede *hablar* y puede *escuchar*.

Entonces, ¿son buenos comunicadores los hombres? Pueden serlo.

Sin embargo, es lamentable que este hombre, que es el "gran comunicador" en la oficina, casi siempre llega a casa exhausto. En lugar de "uno puede realmente comprenderlo" y "escucha con atención", su esposa debe conformarse con imitaciones de grandes animales del zoológico expresadas en gruñidos monosilábicos.

Su jefe dice que habla demasiado. Su esposa dice que no habla nada. ¿Por qué? ¿Qué sucede aquí? ¿Qué les sucede a los hombres en el tiempo que transcurre entre el trabajo y la llegada a casa?

Todo ser viviente, hombre o mujer, tiene la capacidad de comunicarse sobre lo que le resulta interesante.

Considere lo siguiente: todo ser viviente, hombre o mujer, tiene la capacidad de comunicarse sobre lo que le resulta interesante.

Los hombres no saben expresarse bien, pero no debido a que no puedan comunicarse... lo hacen todo el tiempo. Simplemente se trata de que a los esposos les gusta hablar de lo que les gusta hablar. No solo eso, sino que a las esposas también les gusta hablar de lo que les gusta hablar. Alguien tiene que ceder.

Las mujeres pueden hablar con otras mujeres y los hombres pueden hablar con otros hombres. Lo que se necesita es que el esposo se interese en lo que motiva a su esposa. Por supuesto, la esposa también debe asegurarse de que está interesada en las cosas que fascinan a su esposo.

LAS CINCO ETAPAS DE LA COMUNICACIÓN

Francamente, no existe motivo práctico ni bíblico para que un esposo sea un mal comunicador.

Para todo esposo hubo un tiempo en el que nunca se cansaba de su esposa. ¿Qué sucedió? Podemos descubrir la respuesta observando la forma en que nuestra comunicación como marido y mujer pasa por cinco etapas.

Primera etapa: Noviazgo

La etapa del noviazgo es un tiempo de fascinación mutua, curiosidad y atracción en todos sus aspectos. Las parejas gozan de largas caminatas y charlas más prolongadas aun, las expresiones de sensibilidad surgen naturalmente, abunda el cálido brillo del amor y se aferran uno al otro en dulces demostraciones públicas de afecto.

Se deleitan en las esperanzas y sueños del otro. La espiritualidad de uno encuentra eco en la del otro. Es una época de descubrimiento: "¿Cuántos hijos quisieras tener? ¿Qué tipo de trabajo quisieras hacer? ¿Cuáles son tus (*nuestras*) ambiciones?"

El punto focal del noviazgo consiste en estar juntos: "Lo que hacemos lo hacemos juntos." Las parejas intentan conocer lo más posible a la otra persona.

El papel que ella juega en esta etapa consiste en demostrar que lo amará más que cualquier otra mujer en el mundo. El papel de él es demostrarle que la amará más que ningún otro hombre en el mundo. Como dijo un buen candidato soltero: "Quiero entregarme a una mujer y atenderla."

Durante la etapa del noviazgo, la comunicación es a todo volumen y en todo momento. Como dije en un capítulo anterior, cuando al fin convencí a Patsy de que saliera conmigo, literalmente hablamos sin parar hasta el amanecer sobre una amplia variedad de temas. Todo lo que yo decía le interesaba profundamente. Todo lo que ella decía me llegaba como de los labios de un ángel.

Nada puede competir con la comunicación en esta etapa. Es: "Nunca me canso de ti, cariño." Un diluvio de conversación brama como las aguas de un río torrentoso. Nuestra motivación para descubrir lo que le interesa a nuestro cónyuge potencial nunca alcanzará un nivel más elevado.

La mejor forma de describir la comunicación durante la fase del noviazgo es diciendo que para él es un *proyecto* y para ella un *estilo de vida*. Las mujeres disfrutan del *proceso* de la comunicación tanto como de los *resultados* de comunicarse. Por lo general, los hombres no son así. Quieren ir directo al grano y luego pasar a otro tema.

Aquí es donde nos enfrentamos a un pequeño problema.

Cuando su esposo era su novio, nunca se cansaba de usted. Sin embargo, el noviazgo para él era un *proyecto*. Era su *tarea*. Por lo general, los hombres se sienten intrigados por las tareas, no las relaciones. Prefieren hablar sobre hechos, no sobre sentimientos. Les gusta más intercambiar ideas sobre temas racionales, antes que emocionales. Para ellos, la comunicación es algo funcional que sirve para transmitir información. En circunstancias normales, casi nunca va a utilizar palabras que ayuden a aclarar sus emociones.

Por lo tanto, involucra a su futura esposa de un modo que ella interpreta como una norma. En realidad, hacía lo que hiciera falta para "cerrar la transacción". Una vez terminada la transacción, estaba listo para pasar a su siguiente proyecto.

Se puede mejorar la comunicación durante esta etapa formulando las preguntas adecuadas y aprendiendo cuáles son las diferencias naturales entre hombres y mujeres. Además, es valioso descubrir cómo se relaciona uno con la personalidad y el temperamento únicos de la persona con la que pasará el resto de su vida.

Segunda etapa: Luna de miel

La etapa de la luna de miel es un tiempo de expectativa, de establecer rutinas, formar un hogar, llegar a conocerse uno al otro de una manera nueva, de conflictos tontos y egoístas, de ir tras los sueños, establecerse en un empleo y básicamente divertirse juntos.

Se concentra todo en establecer el primer apartamento, negociar las condiciones de una vida compartida y superar las dificultades conyugales.

El papel del hombre en esta etapa consiste en afianzar su carrera y, también, en ayudar a su esposa a armar el nido. El papel de la mujer durante esta etapa consiste en armar el nido y, también, en hallar un trabajo o una carrera si es que se encuentra entre el sesenta y un por ciento de las mujeres casadas que trabajan fuera del hogar.

Durante esta etapa, la aguja de la comunicación se fija en la posición máxima. Se comunican a la mañana, al mediodía y a la noche. Él la llama al trabajo durante el día. Ella le deja notas en el maletín o junto con los alimentos.

En esta etapa, el hecho de establecer una "vida" comienza a competir con la comunicación, pero esto se considera una distracción molesta que les impide estar juntos. La comunicación fluye libremente en una corriente fuerte y estable llena de excitantes rápidos. La motivación por descubrir lo que le interesa a nuestro cónyuge sigue en un punto alto; sin embargo, comienzan a aparecer insinuaciones de enfriamiento en comparación con el ritmo apasionado del noviazgo.

La mejor forma de describir la comunicación en la etapa de luna de miel es diciendo que para ambos es un *placer*.

Mejoren la comunicación en esta etapa comprometiéndose a ser "amigos del alma" durante toda la vida. Subrayen este compromiso estudiando la Biblia y orando juntos y posiblemente siguiendo un libro devocional para parejas.

Tercera etapa: Construcción

La construcción es una etapa agitada de acumulación, expansión y de comenzar y formar una familia. Para el esposo, es el momento de su mayor fuerza, pero también una etapa que le consume la mayor cantidad de energía.

De repente, se encuentran sin tiempo y sin dinero. Las presiones pueden ocasionar errores. La gravedad de los conflictos entre ellos crece porque es mucho lo que está en juego.

Se concentran en llegar a fin de mes y en intentar equilibrar las prioridades. Será una carrera prolongada, de veinticinco años de duración.

La función de él durante esta etapa incluye proveer para la familia, administrar su carrera y trabajar. La de ella incluye administrar el hogar, administrar su carrera y trabajar. Juntos trabajan en las responsabilidades compartidas de cuidar los hijos y hacerse cargo del interior y el exterior de la casa.

Durante esta etapa el tono de la comunicación se torna: "¿Pudieras bajar el volumen? Estoy intentando trabajar." La comunicación se lleva a cabo sobre la base de "la necesidad de saber". El esposo actúa como si estuviera en condiciones de combate: "¡Allá afuera se está librando una guerra!"

> *La comunicación puede mejorar en gran medida creando tiempo para estar juntos a solas.*

En esta etapa, casi todo compite con la comunicación esposo-esposa: el trabajo, la iglesia, los niños, el automóvil, reuniones temprano por la mañana y trabajar hasta tarde.

Si no se tiene cautela, el curso natural es el de apartarse y convertirse en los dos consabidos barcos que se cruzan en la noche. La motivación por descubrir qué le interesa a su cónyuge nunca será más baja. Usted y su esposo caen rendidos en la cama luego de un arduo día, agotados por las exigencias. El problema de la vida es que es muy cotidiana.

La mejor manera de describir la etapa de la construcción es diciendo que la energía *se vuelca hacia la carrera* en lugar de hacia la comunicación.

Si bien esta es una etapa dura del matrimonio, la comunicación puede mejorar en gran medida creando tiempo para estar juntos a solas, aprendiendo a ser sinceros en cuanto a sus necesidades y deseos de tiempo y conversación, mostrando interés en lo que es de interés para su cónyuge y planificando de antemano algunas preguntas para formularle a su cónyuge.

Cuarta etapa: El nido vacío

¡Vaya! ¿Qué alegría da haber superado la tercera etapa? ¿No? La etapa del nido vacío es un tiempo de desaceleración gradual y de encontrarse con tiempo libre. La pregunta del millón es: "¿Qué hacemos con el tiempo libre?"

El nido vacío es una época para reinventar su matrimonio y volver a conectarse. Trae consigo el darse cuenta del tiempo desperdiciado y de haber olvidado a la persona a que más quiere. Para él, es el momento de querer poner las cosas en orden y de asegurarse que ella estará abrigada durante el invierno.

La comunicación se concentra en reconstruir una relación íntima y personal que sea más profunda que los pañales.

La comunicación se concentra en reconstruir una relación íntima y personal que sea más profunda que los pañales.

La función de él durante esta etapa consiste en reducir su preocupación por el trabajo y volver a concentrarse en ella. El papel de ella es el de buscar nuevas formas de invertir el tiempo ahora que los niños se fueron y volver a concentrarse en él.

Durante esta etapa, el nivel de volumen de la comunicación es, al principio, un silencio ensordecedor y, luego, se comienzan a escuchar las "canciones favoritas lentas y suaves". Puede hablar todo lo que quiera: "Nunca pensé que tendríamos todo este tiempo para nosotros." Lo único que compite con la conversación es atender a los nietos.

La comunicación completó todo un ciclo volviendo al punto de partida. Se trata de regresar a casa. Beber de aguas tranquilas, pero profundas. Su motivación es descubrir qué le interesa a su pareja. Siente un fuerte deseo de aprender a conectarse de nuevo.

La mejor manera de describir la comunicación en la etapa del nido vacío es cuando la denominamos *la llave de la felicidad.*

Entre las formas que existen para mejorar la comunicación se incluyen: escuchar, hacer preguntas, expresar verbalmente el amor y comentar sobre los intereses de cada uno.

Quinta etapa: La viudez

La etapa final del matrimonio transcurre sentada en silencio al lado de una silla favorita vacía. La luz se apagó. Está oscuro dentro. Usted está sentada sola. Nadie contesta cuando grita en medio de la noche. No hay nadie a quien hablar. Ahora, todos son recuerdos, ya sean amargos o dulces. Hay mucho que decir, pero es muy tarde.

Haga ahora lo que necesita hacer.

Alguna vez, hace mucho tiempo, usted estaba sola y sentía soledad. Más tarde se conocieron. Después invirtieron toda una vida el uno en el otro. Haga ahora lo que necesita hacer. Asegúrese de que cuando alguno de los dos se vaya con Dios, aunque el otro tenga que vivir solo, no se quede sentado rodeado por las penas de lo que pudiera haber sido.

¿POR QUÉ LOS ESPOSOS SE ABSTIENEN DE CONVERSAR CON SU ESPOSA?

Una vez que una pareja entra de lleno en la etapa de construcción del matrimonio, se instalan las distracciones, las familiaridades y las rutinas. Veamos por qué a veces los esposos se abstienen de conversar temas profundos con su esposa.

Diferencias

Del mismo modo que una instantánea de Polaroid se aclara con el tiempo, nuestras diferencias naturales se aclaran a medida que transcurre nuestro matrimonio.

Estas son algunas generalizaciones que pueden ser útiles si no intentamos llevarlas a su máxima expresión. La orientación de la mujer es hacia la relación; la del hombre es hacia la tarea. La actividad principal de ella es cuidar y nutrir; la de él es proveer. Las principales preocupaciones de ella son la familia y la seguridad; las de él son las del dinero y el significado. La mujer siente la necesidad de la intimidad, de una relación que sea emocional; el hombre anhela trascender, producir cambios.

Las conversaciones de ella con sus amigas se centran en los niños, la familia, los amigos, la gente y su nido. Las conversaciones de él con "los muchachos" giran alrededor del fútbol, las herramientas, los goles, el golf, los automóviles, el negocio y la política. Las esposas hablan para dar forma a lo que sienten por dentro; los esposos hablan para transmitir información. Cuando ella realiza la misma pregunta una y otra vez, él no la entiende. Ella quiere aliviar el estrés emocional que se está acumulando en su corazón; él piensa que se está volviendo paranoica.

Aprenda a amar a su esposo no tanto a pesar de cuán diferente es a usted, sino porque es diferente.

Haga un esfuerzo por comprender las diferencias naturales entre el hombre y la mujer. Aprenda a amar a su esposo, no tanto a pesar de cuán diferente es a usted, sino porque es diferente.

Para evitar conflictos

El amor es ciego durante las frescas noches del romance, pero tiene una visión 20/15 (un poco mejor que 20/20), cuando comienza a calentar el sol radiante del mediodía. Al poco tiempo de casados, las parejas descubren que tienen objetivos, expectativas y valores diferentes. Las mismas diferencias que les causaban fascinación al principio crean fricción con el tiempo.

A menudo, un esposo llegará a creer que ya no puede hablar con sinceridad sobre temas importantes. Un hombre fue a consultar a un consejero matrimonial y dijo de inmediato:

—Hablo de todo con mi esposa.

Luego siguieron conversando de una amplia gama de temas de vital importancia para el hombre.

—¿Qué opina su esposa de todo eso? —le preguntó el consejero.

—Ah —dijo—, nunca le mencionaría estas cosas a ella. No las comprendería.

En otras palabras: "No compartiría mis opiniones y deseo evitar las peleas." Preste atención a las palabras del consejero Paul Tournier:

> Así es que para tener paz, muchas parejas dejan de lado determinados temas, los que tienen alguna carga emocional, los que son de gran importancia para llegar a un verdadero entendimiento mutuo. Así, poco a poco, la ventana transparente que debiera ser la relación entre esposo y esposa se torna borrosa. Están empezando a ser extraños. Están perdiendo la unidad total que es la ley divina del matrimonio.
>
> Al instituir el matrimonio, Dios declaró: "No son ya más dos, sino uno." Tan pronto como una pareja comienza a ocultarse cosas comprometen la unidad básica de la vida matrimonial. Comienzan a transitar el camino hacia el fracaso ... Podemos tratar de remendar las cosas, volver a empezar, intentar una reconciliación. Sin embargo, un verdadero renacimiento siempre tendrá como condición una sinceridad mutua mucho más profunda y más difícil.[1]

Y entonces, para mantener la paz, los esposos a menudo optan por dejar las cosas como están y transitar caminos separados. Seguirán hablando de las noticias, los deportes y el clima. Muchas veces nunca llegan a tocar temas más profundos como: "¿Qué hay de cenar?", que es equivalente a retraerse de conversar.

Si su esposo no le comunica sus intereses más profundos ni demuestra interés en los suyos, intente aislar la manera en que los conflictos previos, y el modo en que ambos los enfrentaron, pueden ser parte del problema. Consideren pedir la asistencia de un consejero para que los ayude a expresarse con mayor sensibilidad.

Para evitar críticas

Todos los seres humanos sienten temor por las críticas. Eso se debe a que nadie se siente satisfecho consigo mismo. En realidad, los hombres dedican cada hora en que están despiertos a vivir de modo tal que eviten las críticas. Intentan cumplir con los requisitos de su trabajo para evitar las críticas. Visten prendas para estar a tono con los demás. Intentan conducir automóviles adecuados a su clase social. Al igual que los adolescentes, los hombres quieren "encajar" en la cultura de su grupo de pares.[2]

Criticar a su esposo equivale al rechazo de la persona que está más cercana a él. Cuando oye: "¿Por qué no puedes ser mejor padre?" "¿Por qué no puedes ganar más dinero?" "¿Por qué no puedes obtener un mejor empleo?", algo dentro de él se echa atrás. A la larga esconderá la cabeza dentro de su caparazón como una tortuga.

Una de las primeras cosas que enseña un consejero es a expresar sentimientos, pero sin criticar a la persona. Por ejemplo, si su esposo dijera: "Eres una pésima ama de casa", se sentiría ofendida. Lo que oye es un ataque a la esencia de su persona, no una crítica a algo que hace. Sin embargo, si su esposo dijera: "Cuando la casa no está limpia, eso me irrita", le ha expresado algo acerca de lo que siente él, sin atacarla en forma personal.

Del mismo modo, si usted dijera: "¿Por qué no puedes ganar más dinero? No eres un buen proveedor", él oye: "No tienes el suficiente éxito; no eres un buen proveedor." Es preferible decir: "Cuando nos falta el dinero a fin de mes para pagar todas nuestras cuentas, tengo miedo y me siento fuera de control." El primer enfoque ataca su hombría. El segundo, expresa cómo se siente ante determinadas circunstancias.

Si dijera: "¿Por qué no puedes ser un mejor padre?", él va a escuchar: "No eres un buen padre." Es preferible decir: "Cuando no dedicas tiempo a estar con los niños, siento que se están perdiendo la alegría de establecer un vínculo contigo."

El enfoque menos amenazador para expresar los sentimientos ayudará a que se mantenga la conversación entre usted y su esposo.

Para evitar consejos no deseados

Vamos a imaginarnos que una día su esposo llega a la casa, después de trabajar, y usted le pregunta: "¿Cómo te fue hoy?"

Los hombres no esperan que su esposa comprenda los detalles de sus problemas más difíciles. Lo que esperan es una caja de resonancia.

Durante ese día el principal proyecto en el que estuvo trabajando durante semanas se vio amenazado. Las pautas de la oficina tuvo que ver con eso. Está comenzando a dudar si su jefe lo respalda totalmente en esto. Se rumorea que los fondos para el proyecto corren peligro. Como si esto fuera poco, no puede lograr que el prototipo funcione de la forma que dijo la gente de ingeniería que funcionaría.

Toma en cuenta todo eso y le responde: "Bueno." Luego se retira al baño.

Sin embargo, más tarde, desea hablar. Cuando los hombres están preparados para hablar, lo que desean no son consejos, sino consuelo. Los hombres no esperan que su esposa comprenda los detalles de sus problemas más difíciles. Lo que esperan es una caja de resonancia, alguien que los escuche sin ofrecer una rápida respuesta.

Precisamente el concepto de una "caja de resonancia" es que estas cajas no hablan. Lo que un esposo busca en su esposa es alguien que lo escuche. De tiempo en tiempo todos tienen un problema que no pueden resolver. El hecho de hablarle a un ser vivo obliga a la mente a tomar esos pensamientos confusos y organizarlos en frases claras y coherentes que tengan sentido para la persona que las escucha.

Cuando su esposa lo interrumpe y le ofrece una solución de tipo personal, como por ejemplo: "No puedo creer que ese hombre cayera tan bajo", esto lo distrae de tratar de encontrar la verdadera solución que busca. O bien, si ella ofrece una solución técnica para la cual no está capacitada, tal como: "¿Por qué no les dices a los ingenieros que vuelvan a realizar el ensayo?", él desdeña su consejo. Piensa para sí: "Realmente no entiende por lo que estoy pasando."

Con unos cuantos encuentros como este el esposo comenzará a retraerse y dejará de abrir su corazón a su esposa respecto al trabajo. Al fin y al cabo, no quería un consejo, sino consuelo y aliento.

Como esposa, puede alentar la conversación diciendo: "Cuéntame más." Si él está preparado para hablar, aliéntelo. A usted le toca escuchar. Y luego, dígale cuán importante fue para usted que él le contara las cosas que le están sucediendo.

Tengo dos reglas referentes a los consejos:

En primer lugar, se puede tomar como regla general que cuando no se le pide su opinión, tampoco se desea conocerla.

En segundo lugar, no hay mayor pérdida que un buen consejo dado en el momento inoportuno.

Cansancio al final del día

Al final del día, su esposo está cansado. Todo esposo tiene su "mejor" forma de relajarse antes de enfrentarse a los temas hogareños que requieren de su atención. Algunos hacen esa transición mientras conducen de regreso a casa. Personalmente, siempre disfruté de una parada de quince minutos en la carrera alocada para asearme, cambiar el traje por ropa cómoda y comer un bocadillo antes de entrar en la pista del hogar.

Cuando un esposo se ve de repente presionado para participar de conversaciones profundas antes de estar preparado para hablar, se retraerá.

Por supuesto, usted también está cansada. Tiene sus propios hábitos rutinarios. A lo mejor le gusta sentarse en el portal para gozar de unos instantes de tranquilidad antes de preparar la cena. Probablemente recobra sus energías cuando habla con los niños acerca de cómo les fue en la escuela.

El problema es el siguiente: ¿Está su esposo listo para escuchar cuando usted lo está para hablar? ¿Está usted preparada para escuchar cuando su esposo lo está para hablar?

Este es un grave problema en muchas parejas. Debemos buscar un terreno intermedio que dé resultado para ambos. Sería maravilloso que ambos tuvieran en cuenta los tiempos de descanso de cada uno y demostraran sensibilidad uno hacia el otro.

Un par de sugerencias: En primer lugar, pregúntele a su esposo en qué momento del día se siente lo suficientemente cómodo y fresco para escucharla acerca de cómo pasó su día y sobre los asuntos familiares y laborales. Además, dígale cuándo prefiere usted conversar. Tomen nota de las preferencias de cada uno, realicen las concesiones del caso y luego hable con él cuando esté preparado para escucharla.

En segundo lugar, pregúntele en qué momento del día prefiere desahogarse y hablar sobre su día. Dígale cuáles son los momentos en que usted es más receptiva para "escucharlo". Tomen nota de las preferencias de cada uno, busquen un terreno en común y luego escúchelo cuando necesite o desee hablar.

Falta de intereses en común

Digamos que usted asiste a la escuela de su hijo para hablar con su maestra. Disfruta de una cautivante conversación con la maestra porque tienen un interés en común. Al finalizar la visita, la maestra gira el ángulo de la conversación hacia la filosofía, algo que usted no estudia, luego hacia el béisbol, cosa que usted no disfruta. De repente, su interés en la conversación se desploma. Cuando la conversación se mete en territorios desconocidos, el interés ya no es el mismo.

Con demasiada frecuencia, los esposos y las esposas permiten que uno de los dos se aleje demasiado de los intereses que tienen en común. Por ejemplo, a él le gusta ir al cine, pero a usted no. A usted le gusta salir a cenar y, sin embargo, a él no. Si no se esforzaron por descubrir intereses mutuos, una pareja puede entrar a la etapa del nido vacío sin tener nada en común, algo que con seguridad les traerá problemas.

Es posible que su esposo quiera encarar proyectos de mejoras de la casa, mantenerse al tanto del mundo del deporte, debatir sobre política, hablar sobre hechos de actualidad y contar lo que le está sucediendo en el trabajo.

Usted, por otra parte, a lo mejor prefiere hablar sobre lo que le ocurrió durante el día transcurrido, conversar sobre lo que está sucediendo en la vida de los niños, revisar los planes que tienen para la fiesta del viernes por la noche, mencionar a quién vio en el gimnasio y disfrutar de un tiempo de unión emocional con su esposo.

Sin esfuerzo, ambos cónyuges pueden retraerse a sus propios mundos interiores, mundos que no tienen espacio suficiente para el otro.

Asegúrese de desarrollar algunos intereses en común con su esposo.

BUENA COMUNICACIÓN

¿*R*ecuerda la pregunta con la que comenzamos este capítulo? "Los esposos son malos comunicadores, ¿verdadero o falso?"

Con frecuencia, a los hombres se les enseña a no expresarse. Aristóteles Onassis le enseñó a su hijo cómo negociar: "Tu rostro es tu espada." En otras palabras, nunca permitas que tus ojos, tu rostro, ni tu lengua revelen tus sentimientos internos. Los ejecutivos aprenden a hablar en el tono silencioso de la sala de la junta de directores. En esos casos, si se es demasiado expresivo, todo el mundo considera que nos falta autocontrol.

La mayoría de las esposas dirían que su esposo no es un buen comunicador. "No hablan y no escuchan." Al mismo tiempo, la mayoría de los hombres reconocen que la buena comunicación es una de las principales necesidades en su matrimonio. Podemos unirnos en este aspecto.

Los esposos tienen mucho que aprender, pero pueden aprender a comunicarse. Siempre lo están haciendo. La comunicación es una decisión.

CÓMO PUEDE AYUDAR A SU ESPOSO

¿En qué etapa del matrimonio está? ¿Cómo calificaría su comunicación a estas alturas? ¿En cuánto coincide esto con la descripción de su etapa matrimonial tratada en este capítulo?

Usted puede servir de gran aliento para su esposo y ayudarle a ser un comunicador más eficaz. Repase las razones por las que los esposos se vuelven retraídos al conversar con su esposa y piense en formas de ayudar para que a su esposo le encante hablar con usted así como disfruta de hablar en su trabajo.

1. *Diferencias.* Celebre sus diferencias. Ámelo con sus debilidades y no solo por sus puntos fuertes. Ayúdelo a comprender en qué forma usted es diferente a él.

2. *Para evitar conflictos.* Devuélvale una sinceridad total a su matrimonio sin buscar conflictos. La solución de un conflicto debiera restaurar, no derribar.

3. *Para evitar críticas.* Evite expresiones críticas personales; aprenda a expresar sus sentimientos. Concéntrese en el problema, no en la persona.

4. *Para evitar consejos no deseados.* Aprenda a escuchar bien sin responder apresuradamente. Brinde consuelo en lugar de consejos.

5. *Cansancio al final del día.* Aprenda cuál es el ritmo de su esposo. Sepa cuáles son los mejores momentos y lugares para entablar una conversación que vaya más allá de las noticias, los deportes y el clima.

6. *Falta de intereses comunes.* Las parejas de gran éxito desean estar juntas. Desarrollan intereses compartidos como, por ejemplo, hacer deportes, leer, caminar, ir al teatro, salir a cenar. Esfuércense por descubrir cosas nuevas que puedan disfrutar juntos.

UNA REFLEXIÓN PARA LOS ESPOSOS

*L*as esposas tienen dos quejas principales sobre su esposo cuando se trata de la comunicación: "No hablan y no escuchan."

¿Es eso cierto? Depende. Piense por unos momentos sobre cómo pudiera describir a un hombre de su trabajo que considere que tiene mucho talento. Podría decir: "Expresa bien sus ideas. Se entiende lo que dice. En realidad, sabe cómo expresar lo que quiere decir. También escucha. Se toma el tiempo para comprender la situación. Uno puede hablar con él."

En otras palabras, el hombre puede *hablar* y puede *escuchar.* Entonces, ¿podemos decir que los hombres son buenos comunicadores? Pueden serlo. Es muy frecuente que los hombres adquieran mala fama con relación a esto, pero no se trata de que no puedan comunicarse... siempre lo están haciendo.

A fin de tener una buena comunicación con nuestra esposa necesitamos interesarnos especialmente en las cosas que la motivan. Nuestra esposa, por supuesto, también debe asegurarse de que está interesada en lo que es importante para nosotros.

En última instancia, la buena comunicación es una decisión. Considere las cuatro preguntas siguientes para la reflexión:

1. ¿Mantiene usted una buena comunicación en el trabajo? Si lo es, ¿por qué? ¿Mantiene una buena comunicación con su esposa? Si no lo es, ¿por qué no? Es más, si es un buen comunicador en el tra-

bajo y no en su casa, ¿por qué cree que sucede esto?

2. "Los hombres tienen mala fama con relación a esto, pero no debido a que no puedan comunicarse, siempre lo están haciendo. Es solo que les encanta hablar de lo que les gusta. Todo ser viviente, ya sea hombre o mujer, es bueno para comunicar lo que le interesa". DE ACUERDO / DISIENTO. ¿Por qué?

3. Durante el noviazgo, nos interesábamos por cada pequeño detalle de la vida. Ese era nuestro "proyecto". ¿Cómo es que comprender a su esposa y pasar tiempo con ella conversando dejó de ser una prioridad para usted? ¿Es así? ¿Qué puede hacer al respecto?

4. ¿Siente el deseo de tener una conversación más significativa con su esposa? De ser así, debe decidirse a hacerlo cuanto antes, tiene que tomar una deiterminación. La buena comunicación es una buena decisión. Si se siente cómodo con eso, ¿por qué no usar la siguiente oración sugerida, o una similar, como una forma de comprometerse a ser un mejor comunicador?

Señor, confieso que no le he concedido a la comunicación con mi esposa el tiempo, la atención y la prioridad que debiera haberle dedicado. Por fe, ahora tomo la determinación de cambiar las cosas, de que la conversación con ella sea una prioridad, de arriesgar algunas cosas con ella porque he hecho promesas y votos de que la amaría. Así es como la amo, dedicándole mi tiempo, hablándole y escuchándola. Para recobrar el romanticismo de nuestro matrimonio prometo entregar mi vida por mi esposa. Haré todos los ajustes necesarios para estar a su disposición,

*como ella lo ha estado para mí. Revísteme de tu
Espíritu para poder cumplir mi promesa.*

Amén.

Solución de conflictos

La ayuda en los quehaceres domésticos y otros temas espinosos

Nuestra familia compró una nueva parrilla a gas, de las que usan briquetas de carbón artificial. Noventa por ciento de todas las parrillas que se venden hoy día utilizan carbón artificial.

Luego del primer par de asados, Patsy y yo estuvimos de acuerdo en que la parrilla no generaba ese delicioso sabor a carbón que prometía el prospecto. Entonces, un domingo por la mañana fui a taller de reparación de artículos para el hogar para ver qué se podía hacer.

Me sorprendió enterarme que podía elegir entre tres tipos de briquetas: roca de lava, cerámica y común. Luego de conversar sobre los pros y los contras de cada tipo de carbón artificial con un empleado muy agradable, "científicamente" decidí cuál era la mejor opción.

La noche siguiente cocinamos hamburguesas en la parrilla, pero Patsy y los niños seguían pensando que las hamburguesas no tenían mucho gusto a carbón. De modo que procedí a explicarles toda la "investigación" que había realizado y por qué esta era la mejor opción. Patsy no parecía muy convencida.

El viernes y el sábado siguientes viajé para dirigir uno de nuestros seminarios para hombres, una experiencia agradable pero demasiado agotadora. Cuando regresé el sábado, al caer la tarde, me sorprendí gratamente al ver a Patsy honrando mi regreso al prepararme mi comida favorita, que incluía pollo asado. Me preguntó si yo quería asar el pollo y agregó: "Ah, dicho sea de paso, le pedí a John [nuestro hijo] que colocara un tipo diferente de briquetas que compré para la parrilla."

Ahora bien, debo confesar un leve caso de: "¿Eres sorda? ¿No escuchaste lo que dije?" No obstante, ¿para qué arruinar el clima? De modo que puse el pollo en la parrilla, fijé el reloj de la cocina y comencé a leer el periódico.

Diez minutos más tarde, por el rabillo del ojo vi una pequeña fogata en el patio de atrás. Una nube oleosa de humo recorría el patio. ¡A través del visor de la parrilla pude ver cómo las llamas envolvían a nuestros pollos!

Me puse de pie de un salto, corrí en busca de un rociador con agua y regresé saltando por encima de los muebles del patio. Abrí la tapa de un tirón y con una mano empecé a rociar agua frenéticamente mientras con la otra reducía la intensidad de los quemadores.

Cada gota de grasa que salpicaba sobre una briqueta estallaba al instante en llamas. Finalmente, logré controlar la hoguera ardiente.

Cuando volteé los lamentables pollitos, la parte inferior arrebatada se asemejaba a los restos humeantes de un sacrificio animal.

Pensé: *¿Acaso no le dije que había hecho toda una investigación al respecto? Pero, ¡NO! Ella no me creyó. Tuvo que ir a comprar estas otras briquetas. Está muy bien. Pues, no voy a permitir que esto eche a perder nuestra cena. Todavía puedo salvar la situación. Terminaré de cocinar estas carcasas y luego recortaré las partes quemadas.* Por consiguiente, dejé los quemadores en mínimo, me aseguré que todo estuviera bajo control, bajé la tapa y volví a entrar a la casa.

Al regresar, lancé una mirada desconfiada por encima del hombro. ¡Caramba! ¡Otra vez esas llamas poseídas por el demonio estaban carcomiendo la carne de nuestros pobres pollitos! Corrí de nuevo hacia la parrilla y me quedé parado allí durante los siguientes quince minutos rociando las briquetas con agua cada vez que surgía una de esas largas lenguas de fuego. Era una situación perdida. Cuando finalmente coloqué los cadáveres de esos pobres pollos sobre un plato, daba la impresión de que íbamos a cenar gato incinerado. Se quemaron de tal manera que era imposible reconocerlos.

Me puse a rezongar aun antes de cerrar la puerta. "No puedo creer que hayas comprado esas estúpidas briquetas. Te dije que había considerado cuidadosamente los tres tipos diferentes. ¿Pensaste que iba a comprar a propósito las briquetas que no servían? ¿Parezco tan estúpido? ¿Por qué no puedes confiar en mí? ¿Por qué no dejaste las cosas tal como estaban? ¡Mira estos pollos! ¡No hay forma de que podamos comer esto! ¡Arruinaste nuestra cena!" A partir de ese momento las cosas fueron cuesta abajo. Patsy se fue a dormir temprano sin cenar. Los niños comieron apurados y luego se fueron en direcciones diferentes. Vaya, sí que puedo ser un desgraciado.

Luego de besar a la novia, tanto el esposo como la esposa caminan por el pasillo, donde tuvo lugar la ceremonia de la boda, hacia el matrimonio. Llevan una amplia gama de ideas diferentes sobre cómo educar a los niños, el dinero, la sexualidad, llegar tarde, compartir las tareas de la casa y miles de millones de otros asuntos, importantes o no, que conducen al conflicto.

Los esposos tienden a enfrentarse al conflicto usando una o más de cuatro formas diferentes. Su tendencia es *evitar, explotar, perpetuar* o *resolver* el conflicto. Analicemos brevemente cada una de estas respuestas. Y tenga presente que esto se puede aplicar de la misma manera a las esposas.

EVITAR

¿**P**or qué algunos esposos intentan evitar el conflicto? En realidad, es preferible evitarlo siempre que podamos hacerlo. Sin embargo, algunos hombres prefieren evitar los conflictos a toda costa.

Creo que muchos hombres cristianos sienten mucho más enojo de lo que se atreven a imaginar.

El esposo perfeccionista se imagina que no es capaz de enojarse. Cree que un verdadero hombre espiritual no debe molestarse, sino tener control perfecto de sí. Al fin y al cabo, si está caminando en el Espíritu, todo tiene que ser perfecto. Creo que muchos hombres cristianos sienten mucho más enojo de lo que se atreven a imaginar. Creemos que el enojo es un pecado (no lo es; perder el control sí lo es) y entonces lo reprimimos.

Los viernes por la mañana me levanto a las cuatro de la madrugada para finalizar la preparación de la clase de estudios bíblicos de las siete de la mañana. Necesito ese tiempo para estar bien preparado. Hace poco, un jueves por la noche me puse furioso, pero no iba a permitir que esto arruinara mi testimonio de la mañana siguiente. En lugar de tratar con mi enojo en forma constructiva, opté por simular que no lo sentía. De modo que puse el despertador y me fui a dormir, pero echaba chispas.

A la mañana siguiente me desperté sorprendido a las seis. Parpadeé y esforcé la vista para ver el cuadrante del reloj despertador. *¡No puede ser que suceda esto!* Verifiqué la hora en otro reloj: *las seis de la mañana.* Luego verifiqué la alarma. Estaba fijada para que sonara a las ocho.

¡Mi enojo de la noche anterior me hizo cometer un error de cuatro horas al fijar la hora de la alarma! Corrí y llegué a tiempo a nuestra clase de estudio bíblico, pero nunca olvidaré la lección: debemos tratar con nuestros sentimientos alterados. Hay consecuencias prácticas que resultan de no enfrentar de manera constructiva nuestro enojo o incluso por negar que estamos enojados. El Nuevo Testamento nos enseña: "No se ponga el sol sobre vuestro enojo, ni deis lugar al diablo" (Efesios 4:26-27).

Muchos esposos no saben cómo expresar su enojo en forma constructiva. En *Healing for Damaged Emotions* [Sanidad para las emociones dañadas], David Seamand dice:

> Enójese, pero tenga cuidado. El enojo se vuelve resentimiento y amargura si uno no conoce las formas adecuadas de expresarlo. Esto es exactamente lo que le sucede al perfeccionista que nunca se permite manifestar su enojo; ni siquiera se permite darse cuenta de que está enojado. Lo niega y lo oculta en su interior donde se va fermentando y enconando hasta salir a la luz en diversas formas disfrazadas de problemas emocionales, conflictos matrimoniales y hasta enfermedades físicas.[1]

La timidez, que es otra forma de evitar el conflicto, se nota en el esposo inseguro de sí mismo. Quizá se casó con una mujer de carácter fuerte o simplemente con una mujer que tiene sus propias ideas. Ella quizá responda a las diferencias de opinión con estallidos de enojo o gestos de disgusto. Para mantener la paz, él intenta tolerarlo y, por tanto, reprime su enojo.

Un secreto de nuestro matrimonio es que conocemos las teclas susceptibles de cada uno, pero hemos acordado no pulsarlas.

Luego está el esposo que aprendió a evitar el conflicto en forma constructiva. Ha aprendido a dominar el arte de pasar por alto las pequeñeces (véase Proverbios 19:11). Trata de que las ofensas cada vez más insultantes parezcan cada vez más insignificantes. Cuando se decide a hablar, intenta no criticar ni ofrecer consejos no deseados, como por ejemplo: "Déjame decirte lo que debes hacer."

Un hombre con cuarenta y seis años de matrimonio me dijo: "Un secreto de nuestro matrimonio es que conocemos las teclas susceptibles de cada uno, pero hemos acordado no pulsarlas." Un esposo como este debiera alentarse y elogiarse.

EXPLOTAR

A veces, las presiones acumuladas llegan a molestarnos a los esposos hasta el punto de hacernos explotar. Es lamentable, pero en lugar de expresar sentimientos de enojo en forma constructiva, a menudo perdemos los estribos. Esto, por supuesto, es horrible y así es como sucede.

En primer lugar, está el esposo que tiene muy poco dominio. Su problema reside en la frecuencia con que se enfurece. No duda ni un instante en alterar el clima familiar. Levanta la temperatura de la mesa de la cena sin pensarlo. No parece importarle arruinar la paz familiar. Por lo general, se molesta demasiado por lo que debieran ser irritaciones menores.

A determinadas culturas y determinados temperamentos parecería que en realidad les gusta pelear. Tim LaHaye señala en *El varón y su temperamento* que las personalidades difíciles del Tipo A (los "coléricos") pueden utilizar los estallidos de enojo como un arma para obtener lo que desean. Dice: "Su esposa por lo general le teme y suele aterrorizar a los niños." El consejero matrimonial Gary Smalley advierte que la mayoría de las mujeres siente miedo de su esposo. Mis propias encuestas informales lo confirman.

Otro tipo de esposo no se enoja, pero cuando lo hace, ¡cuidado! Pierde el control. Su problema es la intensidad del enojo. Todo está bastante bien durante un tiempo, pero finalmente las cosas que se han acumulado lo llegan a afectar mucho.

¿Por qué explota un esposo? Se enoja en el trabajo, pero lo reprime. Se enoja con conductores desconsiderados, pero lo suprime. Se enoja porque su amigo no fue a jugar tenis, pero lo reprime. Se enoja porque su sueldo no le alcanza, pero lo reprime. Finalmente, explota con su esposa porque ya no puede seguir reprimiéndolo.

Judy sirvió una cena maravillosa. Sin embargo, el arroz no estaba lo suficientemente caliente para que la manteca se derritiera. Al momento, Rick explotó, actuando como si su esposa, en secreto, hubiera envenenado la comida con estricnina... un pensamiento que en realidad no le pasó a ella por la mente.

El que explota ocasiona conflictos dentro de su hogar porque no tiene el valor de resolver sus conflictos fuera del hogar. Responde a una luz que se dejó encendida sin querer con la ira acumulada por causa de un jefe que se llevó los méritos de una idea propia, un aumento que no se concretó y un choque que casi se produce en la carretera y que él evito aplicando con fuerza los frenos.

> *El que explota ocasiona conflictos dentro de su hogar porque no tiene el valor de resolver sus conflictos fuera del hogar.*

Los que explotan pueden ser crueles, hirientes y sarcásticos. En ocasiones, su esposa tirita ante su enorme frialdad, como si por las venas de estos hombres corriera agua helada.

El hombre que explota ante su mujer actúa con inmadurez. Peca en contra de ella y debe aprender a controlarse.

PERPETUAR

Algunos esposos perpetúan los conflictos por guardar rencor, en forma infantil, y unos pocos hasta lo demuestran con crueldad.

El esposo que le guarda rencor a su mujer tiene dificultades para pasar por alto las cosas. Se ha armado de municiones y raciones que le durarán a lo largo de una prolongada e implacable batalla. Su problema es que está dispuesto a aguantar mientras dure la guerra. Su orgullo testarudo no le permitirá retroceder ni admitir que pudiera estar equivocado. Los esposos que guardan rencor ejercen una gran presión sobre su familia.

Luego está el esposo que anda por la vida bajo una negra nube de negatividad. Le podría encontrar defectos a la madre Teresa. Este esposo suele, por temperamento, ser negativo, pesimista y crítico. Es egocéntrico, muy sensible a las críticas y susceptible. Tiende a ser vengativo y es proclive a sentirse perseguido. Puede ser legalista y rígido. Como resultado, suele guardar en su mente los disgustos del pasado como armas útiles para sacar a la luz en las futuras peleas.

Está también el otro tipo de hombre que no disfruta de encabezar conflictos, pero nunca retrocede cuando estos estallan. Siempre tiene que tener la última palabra. Combate el fuego con gasolina. Lo único que lo vuelve a sus cabales son las lágrimas de su esposa cuando estalla en sollozos.

En muchas oportunidades, los esposos pueden ser exageradamente obstinados. Una esposa me dijo: "Mi esposo no está de acuerdo en dar tarjetas y regalos de cumpleaños. Cree que las tarjetas caras son un robo. Aceptó que yo le comprara tarjetas de cumpleaños si deseo hacerlo, y eso hago. Pero en más de veinte años de matrimonio, nunca me ha regalado una tarjeta." Luego añadió: "Hay algunas cuestiones de nuestro matrimonio sobre las que no hablamos." No me sorprende.

A todos los esposos en ocasiones les cuesta admitir que puedan estar equivocados. Sin embargo, algunos ni siquiera pueden reconocer que alguna vez se equivocaron.

RESOLVER

Algunos esposos enfrentan los conflictos apenas aparecen y mejoran sus relaciones. Este tipo de esposo se conoce él mismo y se comprometió a andar en el Espíritu, sin gratificar los deseos de su naturaleza pecaminosa.

El abuelo de mi esposa fue, en una época, un alto funcionario de Monsanto, la gran empresa de productos químicos. Durante esos años, adornaban su oficina cuatro hermosas sillas estilo Chippendale.

Por espacio de muchos años los padres de Patsy decoraron su hogar con estas elegantes y sagradas sillas. Cuando se mudaron a una casa más pequeña, nos preguntaron si las querríamos. ¡Acepté de inmediato!

¡Imagínese las importanstísimas conversaciones que escucharon furtivamente estas sillas! ¡Imagínese los secretos que debían ocultarse en esa madera de veta oscura! La historia, la nostalgia, el sentimentalismo. Me encanta ese tipo de cosas.

Al poco tiempo de haber traído las sillas a nuestra casa, pedí un presupuesto para volver a tapizarlas. ¡No tenía la menor idea de que un género aceptable pudiera costar tanto dinero! Por algún tiempo, las sillas irían a parar a un armario.

Durante un año me imaginé cómo lucirían esas históricas sillas Chippendale, de estilo Martha Washington, adornando mi oficina. En mi mente había visto que el tapicero me entregaba las sillas rejuvenecidas y las acomodaba formando un arco alrededor de mi escritorio. Con algunos meses de antelación, supe que iba a recibir un importante cheque. Sin consultarlo con Patsy, planifiqué remozar las sillas cuando se me acreditara el dinero.

Uno o dos días antes que llegara el cheque, comenté al pasar que quería retapizar las sillas. Patsy de inmediato aprovechó el momento y dijo: "No estoy de acuerdo. Creo que debiéramos usar ese dinero para aumentar nuestras reservas."

Pues bien, le diré que tuve deseos de gritar, bramar y vociferar. Quería refunfuñar. Quería despotricar y rezongar. Sin embargo, en cuanto las palabras salieron de la boca de mi esposa, supe que tenía razón. Esto, por supuesto, sucedió en uno de mis mejores días. Por consiguiente, respondí con madurez y resolvimos el conflicto. El maravilloso porte de esas reliquias heredadas tendría que esperar la llegada de un momento más propicio.

Se requiere de mucho valor para resolver los conflictos con franqueza. A la mayoría de los hombres les resulta más fácil guardarse sus frustraciones laborales que tratarlas de frente. Luego, explotamos.

Como hombres, a menudo nuestras reacciones ante irritaciones menores son desmesuradamente exageradas en relación con lo que percibimos como "ofensa".

Como hombres, a menudo nuestras reacciones ante irritaciones menores son desmesuradamente exageradas en relación con lo que percibimos como "ofensa". Las "faltas leves" reciben el trato de "delitos graves". Estas ocasiones provocan frustraciones ocultas. Damos a nuestra esposa un trato que nunca daríamos a un compañero de trabajo, ni siquiera se lo daríamos a un completo desconocido.

Como esposos queremos que sepan que lo lamentamos. En realidad, tenemos el profundo deseo de resolver nuestros conflictos con mayor madurez.

PRINCIPIOS BÍBLICOS PARA RESOLVER CONFLICTOS EN EL MATRIMONIO

Este libro tiene la intención de ayudarle a comprender cómo es su esposo, por qué cosas atraviesa y por qué hace lo que hace. No obstante, la manera de enfrentar y resolver los conflictos es un tema tan importante que iré más allá en este capítulo y le ofreceré algunas ideas bíblicas que ya mencioné en mi libro *Devotions for Couples* [Devocionales para parejas] (anteriormente llamado *Two Part Harmony* [Armonía a dúo]), sobre las cuales su esposo y usted pueden reflexionar para luego ponerlas en práctica. Pueden ser de gran ayuda para evitar y resolver los conflictos inevitables que tiene toda pareja.

Es evidente que el objetivo debiera ser evitar los conflictos cuando sea posible y resolverlos según la Biblia cuando no sea posible hacerlo de otro modo.

Pasar por alto las ofensas. Intenten dejar pasar las ofensas cuando puedan hacerlo.

> La cordura del hombre detiene su furor, y su honra es pasar por alto la ofensa.
>
> Proverbios 19:11

Escuche con atención lo que su cónyuge está tratando de decirle. Muchos conflictos suceden porque realmente no "escuchamos" lo que nos dijeron.

Mantener la calma. No importa cuán sedada se sienta habitualmente, todos, en ocasiones, nos enojamos. Si su esposo se pone nervioso, trate de permanecer calma. Si usted no responde de la misma manera, es probable que el conflicto pase.

> Si el espíritu del príncipe se exaltare contra ti, no dejes tu lugar; porque la mansedumbre hará cesar grandes ofensas.
>
> Eclesiastés 10:4

No responda con demasiada rapidez. Escuche con atención lo que su cónyuge trata de decirle. Muchos conflictos suceden porque en realidad no "escuchamos" lo que nos dijeron. Haga muchas preguntas para comprender cuál es el "verdadero" problema. Esfuércese por no responder cuando los nervios están alterados. El viejo adagio de "contar hasta diez" por algo es buen consejo. Cálmese y razone antes de responder.

> Por esto, mis amados hermanos, todo hombre sea pronto para oír, tardo para hablar, tardo para airarse.
>
> Santiago 1:19

No hable precipitadamente. Las palabras hirientes son como flechas venenosas que ya se han disparado con un arco: una vez que se encuentran en el aire no se pueden recuperar. Si se las dispara con demasiada frecuencia pueden destruir la relación.

> Hay hombres cuya palabra son como golpes de espada; mas la lengua de los sabios es medicina.
>
> Proverbios 12:18

No intensifique el conflicto. Cuando tengan conflictos, intenten resolverlos como pareja. No involucren a otras personas en sus peleas en medio del calor de la discusión. Más adelante, si el conflicto sigue sin resolverse, tal vez deseen buscar ayuda afuera, pero denle tiempo.

Las palabras hirientes son como flechas venenosas que ya se han disparado con un arco: una vez que se encuentran en el aire no se pueden recuperar.

> El que cubre la falta busca amistad; mas el que la divulga, aparta al amigo.
>
> Proverbios 17:9

No diga todo lo que le venga a la mente. Muchas discusiones y peleas se intensifican porque seguimos diciendo esas palabras astutas y punzantes que nos vienen a la mente. Muérdase la lengua; la Biblia dice que es "un mal que no puede ser refrenado, llena de veneno mortal" (Santiago 3:8).

> Sin leña se apaga el fuego, y donde no hay chismoso, cesa la contienda.
>
> (Proverbios 26:20).

Confíe en que el Señor resolverá sus conflictos. No todos los conflictos se resolverán de la manera que usted desea. La pregunta que debiera hacerse es: ¿No podría yo estar equivocado? El mejor método es recurrir a Dios y pedirle que coloque el peso de la reconciliación sobre el corazón de su cónyuge o que le demuestre a usted en qué se equivocó.

No digas: Yo me vengaré; espera a Jehová, y él te salvará.

(Proverbios 20:22)[3].

CÓMO PUEDE AYUDAR A SU ESPOSO

- Tómese un instante y coloque en perspectiva sus conflictos matrimoniales. Como pareja, ¿pelean mucho, demasiado, con poca frecuencia o casi nunca?
- ¿Quién es el principal responsable de sus conflictos: usted, su esposo, mitad cada uno u otra proporción?
- De las cuatro formas en que los esposos responden ante el conflicto, ¿cuál es la que mejor describe a su esposo? ¿Cuál es la que mejor la describe a usted?
- Después de considerar todas las cosas, ¿cuán grande es el problema?
- ¿Cuáles de los principios para resolver los conflictos matrimoniales debiera aplicar mejor su esposo? ¿Y usted?

Este es un tema importante. Si parece apropiado, sugiérale a su esposo que lea este capítulo. Luego, aparte aproximadamente media hora para intercambiar ideas al respecto cuando los niños ya se hayan ido a dormir. Durante esos momentos, dígale a su esposo qué respuestas acaba de dar a las preguntas planteadas en esta sección, con diplomacia, pero con franqueza. Usen ese tiempo para renovar sus compromisos mutuos.

UNA REFLEXIÓN PARA LOS ESPOSOS

El matrimonio significa conflicto. Y el conflicto es inevitable. El problema no es evitarlo, sino saber tratar de manera constructiva los conflictos inevitables que se presentarán en cuanto a direferentes aspectos de la vida tales como la crianza de los niños, el dinero, las relaciones sexuales, las llegadas tarde, la distribución de los quehaceres domésticos y millones de otros asuntos, algunos grandes y otros pequeños.

En este capítulo le he mostrado a su esposa cómo nosotros, los esposos, tenemos la costumbre de lidiar con los conflictos de la manera siguiente: *evitándolos, explotando, perpetuándolos* o *resolviéndolos*. Para aprender más acerca de estas respuestas, tal vez desee leer también el subtítulo correspondiente en este capítulo.

En la sección "Cómo puede ayudar a su esposo", le pedí a su esposa que considerara determinadas preguntas. Ahora le pido que las considere usted también.

- Tómese un instante y coloque en perspectiva sus conflictos matrimoniales. Como pareja, ¿pelean mucho, demasiado, con poca frecuencia o casi nunca?

- ¿Quién es el principal responsable de sus conflictos: usted, su esposa, mitad cada uno u otra proporción?

- De las cuatro formas en que los esposos responden ante el conflicto, ¿cuál es la que mejor describe a su esposa? ¿Cuál es la que mejor lo describe a usted?

- Después de considerar todas las cosas, ¿cuán grande es el problema?

- ¿Cuáles de los principios para resolver los conflictos matrimoniales debiera aplicar mejor su esposa? ¿Y usted?

Hace falta muchísimo valor para resolver un conflicto de frente. A muchos nos resulta más fácil guardarnos las frustraciones que afrontarlas. Sin embargo, en cualquier otra oportunidad posterior, explotamos por las cosas más tontas.

En este capítulo le he dicho a su esposa: "Como esposos, queremos que sepan que lo lamentamos. En realidad tenemos el profundo deseo de resolver nuestros conflictos con mayor madurez." ¿Por qué no se lo dice con sus propias palabras?

Once

Apariencia

¿Por qué un hombre quiere que su esposa luzca bien?

*T*oda mujer es bella a su manera. Puede ser la efímera belleza de su aspecto físico, incluso si se trata de un único rasgo, como por ejemplo sus ojos. Quizá sea la incorruptible belleza de un espíritu afable y apacible. Tal vez sea la manera amorosa en que trata a su familia, a sus amigos o a quienes sufren.

En este capítulo quiero comunicarle algunas cosas que usted debiera saber. Permítame hacer una digresión y recordarle que escribo esto de modo tal que su esposo pueda leer el libro y decir: "Sí, expresa lo que estoy sintiendo. Cariño, ¿podrías leer este libro para comprenderme mejor?"

CÓMO SE SIENTEN LOS HOMBRES NORMALES

*R*ealicé una encuesta informal con más de ciento cincuenta hombres sobre la importancia que le otorgaban al aspecto físico de su esposa. Las tres opciones eran: "ninguna, alguna y mucha".

Si bien noventa y cinco por ciento del mismo grupo (en otro día) dijo que la relación sexual es un "tema fundamental" para ellos, más de noventa y cinco por ciento respondió que el aspecto físico "tiene alguna importancia". Ninguno respondió que no tenía "ninguna importancia" y solo unos pocos respondieron que tenía "mucha importancia".

Lo que un hombre espera es que su esposa refleje una cierta dignidad en su aspecto que armonice con la imagen que tiene de sí.

Un esposo típico quiere que su esposa luzca bien, pero no se obsesiona con ello. Aun así, considera que el porte de su esposa es un reflejo del juicio de *él*. Un hombre desea sentirse orgulloso de su esposa.

Lo que un hombre espera es que su esposa refleje una cierta dignidad en su aspecto que armonice con la imagen que tiene de sí.

Es evidente que no todos los esposos son iguales, pero les interesa cómo se viste su esposa, su peso y cuidado personal, incluyendo maquillaje y peinado. Dentro del presupuesto familiar, quiere que destine algo de dinero para que cuide su apariencia.

Lo primero que lo atrajo a su esposa fue su aspecto y eso sigue importándole. Lea la siguiente oración que escribo dos veces y advierta el énfasis que tiene cada una.

Su esposo desea *seguir* casado con la mujer que lo atrajo.

Su esposo desea seguir casado con la mujer que lo *atrajo*.

Si algo descubrí en la investigación que realicé para este libro, es que los esposos desean permanecer casados. También quiere que usted continúe "atrayéndolo".

Una vez, nuestra familia visitó el Zoológico de Miami. Mientras caminábamos, recuerdo que vi pasar a una joven madre con dos niños, uno de más o menos dos años y un bebé en un cochecito de paseo. De inmediato, supe que no estaba casada. Lo supe por su forma de vestir. Estaba vestida para "atraer". Podría agregar que lo hacía de una forma digna, pero aun así era evidente.

Cualquier esposa que lee este libro diría: "Si mi esposo se muriera, luego del período de duelo perdería unos quince kilos, me arreglaría el cabello de otro modo y renovaría mi guardarropa." Puede estar casi segura de lo siguiente: su esposo desea en secreto que lo haga ahora.

He aquí el asunto a destacar: Los hombres no dejan de interesarse por la "atracción".

UNA CULTURA BASADA EN LA BELLEZA

Luego de una clase de nuestro seminario para hombres titulada: "Cómo encontrar una nueva mejor amiga y un apoyo en su esposa", un hombre esperó a que todos se hubieran ido y luego me preguntó si podíamos hablar. Me dijo: "Amo tanto a mi esposa, que realmente quiero ser un esposo devoto. Pero mi esposa engordó veinte kilos desde que nos casamos. Intenté hablar con ella sobre el tema, pero de inmediato se pone a la defensiva. Cuando lo saco a colación, lo interpreta como que no la amo de forma incondicional." En ese momento, comenzaron a rodar lágrimas por sus mejillas y añadió: "Este es un tema muy importante para mí. En verdad, no sé qué hacer."

Todo segmento de la población tiene una cultura que valora, y hasta sanciona, formas aceptables y deseables del aspecto físico. Los esposos quieren que su mujer "encaje" en su grupo.

Vivimos en una sociedad centrada en la juventud, basada en la belleza y orientada hacia la sexualidad. No creo que un esposo pueda separarse por completo de los valores de su cultura. Por cierto, algunas culturas no dan tanto valor al tema del peso.

Una encantadora mujer afroamericana que es amiga de nuestra familia decidió bajar veinte kilos. Lo hizo y se ve bellísima. Sin embargo, su cultura valora, y hasta premia, a las "rellenitas". Su familia y sus amigos la aguijoneaban: "Mujer, ¡pareces enferma! Estás demasiado delgada. ¡Te consumirás y te morirás!"

Uno de mis pastores regresó hace poco de un viaje a Rumania. Dijo lo siguiente: "Todas las personas de más de treinta y cinco años tienen un sobrepeso de entre quince y veinte kilos." En cambio, un amigo que regresó del Lejano Oriente comentó: "No he visto a ningún oriental gordo."

¿Qué piensan los esposos que constituiría una expectativa razonable? Todo segmento de la población tiene una cultura que valora, y hasta sanciona, formas aceptables y deseables del aspecto físico. Los esposos quieren que su mujer "encaje" en su grupo.

¿Qué se considera justo que un esposo requiera de su esposa?

BELLEZA VERDADERA

Un estudiante universitario de nuestra iglesia llevó a nuestra casa a una hermosa joven con la que está saliendo. Mientras ella hablaba con mi esposa, le dije a él: "Es una persona muy bella."

Se iluminó y me dijo: "¡Y es tan hermosa por dentro como lo es por fuera!" Estaba señalando algo muy profundo.

¿Qué es para los hombres la verdadera belleza? La mayoría de los hombres puede distinguir entre la belleza exterior y la interior. La Biblia ofrece un claro discernimiento sobre esta diferencia.

La Biblia está llena de mujeres hermosas. Sara, Rebeca, Raquel, Abigail, Betsabé, Ester y las hijas de Job han sido todas descritas como mujeres hermosas.

Sin embargo, su belleza exterior era una manifestación de su belleza interior. Un pasaje fascinante del Nuevo Testamento revela el secreto de su belleza y la verdadera belleza de las mujeres en todas las generaciones.

Vuestro atavío no sea el externo de peinados ostentosos, de adornos de oro o de vestidos lujosos,

sino *el interno, el del corazón, en el incorruptible ornato de un espíritu afable y apacible*, que es de grande estima delante de Dios. *Porque así también se
ataviaban en otro tiempo aquellas santas mujeres
que esperaban en Dios*, estando sujetas a sus maridos; *como Sara* obedecía a Abraham, llamándole señor; *de la cual vosotras habéis venido a ser hijas, si
hacéis el bien, sin temer ninguna amenaza.*

1 Pedro 3:3–6 (cursivas añadidas)

En otras palabras, la belleza de estas mujeres de la Biblia era una expresión exterior de su persona interior, un
reflejo de la incorruptible belleza de un espíritu afable y
apacible.

Cabe advertir que la Biblia no prohíbe los adornos exter-
nos. Juan Calvino lo dijo de este modo: "Sería una rigurosi-
dad absurda prohibir las vestimentas prolijas y elegantes."

Los hombres valoran a las esposas que se "adornan"
para seguir siendo atractivas, pero es posible que no com-
prendan que se trata solo de un medio de retratar la belleza interna de una mujer. La belleza física es vana
(Proverbios 31:30) y en una sociedad saturada por la
sexualidad, a veces se debe recordar a los esposos que tengan expectativas realistas.

Dios nos creó, a hombres y mujeres, para contemplar la
belleza (véase Génesis 2:9). Sentimos placer al observar la
belleza de la naturaleza, la atractiva simetría de un paisaje
labrado y el mayor de todos los logros: el cuerpo humano.

Si tomara a todas las mujeres bellas que he conocido en
mi vida y las agrupara por décadas, la más hermosa de todas
tiene más de setenta años. Su rostro radiante es legendario
en nuestra iglesia. ¿De dónde viene esa belleza? Conociéndo-
la, es evidente que su belleza es la expresión externa de la incorruptible belleza de un espíritu afable y apacible.

LO QUE ES JUSTO

¿Cuál debiera ser la expectativa de los esposos y las esposas en cuanto a la apariencia física del otro? ¿Qué se

considera justo, razonable y equilibrado? Quisiera sugerirle que considerara la siguiente idea: un esposo debiera poder tener la expectativa de que su esposa se esforzara para mantenerse tan atractiva físicamente como cuando se casaron, en forma proporcional y razonable para los años transcurridos.

Una esposa debiera poder tener la expectativa de que su esposo se esforzara por nutrir a la persona que hay dentro de ella de modo que madure hasta alcanzar la belleza incorruptible de un espíritu afable y apacible.

> *Un esposo debiera poder tener la expectativa de que su esposa se esforzara para mantenerse tan atractiva físicamente como cuando se casaron, en forma proporcional y razonable para los años transcurridos.*

Para la mayor parte de nuestra cultura, parece aceptable que los hombres engorden con el paso de los años, mientras que no lo es para las mujeres. Las expectativas de los esposos en este aspecto deben guardar un equilibrio atento y amoroso con las leyes de la naturaleza. Por sobre todo, bajo ninguna circunstancia es justo que cualquiera de los cónyuges exija que el otro haga lo que ellos no están dispuestos a hacer.

¿CÓMO PUEDE AYUDAR A SU ESPOSO?

Esté dispuesta a ataviarse para su esposo. Toda mujer elige, consciente o inconscientemente, mantener su apariencia para uno de estos cinco públicos *principales:*

- Su esposo
- Sus pares
- Otros hombres
- Ella misma
- Nadie (no le importa su apariencia)

Si su esposo siente que usted no es receptiva respecto a él como su público principal, está en dificultades. Me doy cuenta de que este tema es delicado. En realidad, es tan delicado que pasarlo por alto, o de molestarse tanto que no puede tratarlo en forma constructiva, le hace correr el riesgo de penetrar en una espiral descendente.

En primer lugar, la mujer deja que se deteriore su apariencia (suponiendo que él no lo haga). Su esposo intenta hablar con ella del tema. Se convierte en un tema espinoso. Él deja de mencionarlo.

Una esposa debiera poder tener la expectativa de que su esposo se esforzara por nutrir a la persona que hay dentro de ella de modo que madure hasta alcanzar la belleza incorruptible de un espíritu afable y apacible.

Creo que luego de algunos intentos vanos de comunicarse sobre el asunto, un esposo ya no podrá juntar el valor de decirle a su esposa exactamente lo que siente sobre su apariencia, si ella: 1) no lo convierte en su público principal en cuanto a su aspecto; y 2) no se esfuerza para mantenerse tan atractiva físicamente como cuando se casaron, en forma proporcional y razonable para los años transcurridos.

Si bien él deja de mencionarlo, el tema no desapareció. Más adelante, deja de decirle cosas lindas sobre su aspecto. Se desvanece su interés romántico. La cuenta bancaria emocional de ella se vacía. Se produce una distancia emocional entre ambos. Coexisten.

Esté dispuesta a "escuchar" a su esposo, sobre todo si oye que continuamente le menciona un tema. Si percibe que su esposo demuestra una falta de interés romántico, de miradas cariñosas y contacto físico, piense en su apariencia.

Esté dispuesta a realizar los cambios correspondientes. Cuando nos casamos, a Patsy no le interesaba comprarse ropa nueva. Finalmente, un día la llevé de compras y se compró varias cosas muy útiles. Con los años, aprendió que su aspecto era importante para mí. Se dio cuenta de que cuando se vestía con dignidad, sentía interiormente que estaba orgulloso de ser su esposo. Todos los hombres lo desean.

A cambio, me estoy esforzando por cuidar más de ella. Me doy cuenta que para ser una persona verdaderamente bella, Patsy debe recibir algo de mí. Solo entonces logrará esa belleza interna "en el incorruptible ornato de un espíritu afable y apacible".

UNA REFLEXIÓN PARA LOS ESPOSOS

"*T*oda mujer es bella a su manera." ¿Está de acuerdo o no? ¿Por qué?

El aspecto de nuestra esposa es importante para nosotros porque queremos sentirnos orgullosos de ella.

Al mismo tiempo, debemos trazar una distinción entre la apariencia externa de "la belleza vana" (Proverbios 31:30) y "el incorruptible ornato de un espíritu afable y apacible" (1 Pedro 3:4). ¿Cómo logra su esposa esta belleza interior?

Tendencia: Ocuparse de cómo luce su esposa, pero sin tener idea alguna de cómo nutrir su persona interior.

Bill McCartney, fundador de *Cumplidores de Promesas* y ex director técnico del equipo de fútbol, campeón a escala nacional, de la Universidad de Colorado, escuchó una vez decir a un predicador: "Se puede conocer la profundidad del andar de un hombre con Dios observando el rostro de su esposa."

McCartney dice que en ese momento giró y miró a su esposa a los ojos y advirtió que la había olvidado. Al poco tiempo renunció como director técnico de Colorado. La mayoría de las personas creyeron que era para dedicarle más tiempo al ministerio de *Cumplidores de Promesas*. En realidad, quería volver a relacionarse con su esposa y tuvo la buena fortuna de tener una posición económica que le permitiera tomarse un tiempo de descanso.

Nuestra esposa logra "el incorruptible ornato de un espíritu afable y apacible" cuando la nutrimos, la amamos y la cuidamos.

¿Cuáles son las expectativas razonables que debiéramos tener sobre nuestra esposa y ellas respecto de nosotros? En este capítulo se propusieron dos ideas complementarias. ¿Le parecen justas?

- Un esposo debiera poder tener la expectativa de que su esposa se esforzara para mantenerse tan atractiva físicamente como lo era cuando se casaron, en forma proporcional y razonable para los años transcurridos.

> *Desafío: Ocuparse más de la persona interior de su esposa que de su aspecto exterior.*

- Una esposa debiera poder tener la expectativa de que su esposo se esforzara por nutrir la persona que hay dentro de ella de modo que madure hasta alcanzar la incorruptible belleza de un espíritu afable y apacible.

¿Cuáles han sido sus expectativas? ¿Han sido razonables y realistas? ¿Cómo debiera modificar su manera de pensar?

Advertencia: Ningún esposo debiera tener la expectativa de que el aspecto de su mujer se atuviera a una norma que él mismo no está dispuesto a cumplir. Ningún esposo debiera condicionar el amor y la aceptación de su esposa a su apariencia.

Tendencia: Ocuparse de la manera en que luce su esposa, sin tener idea alguna de cómo nutrir su persona interior.

Desafío: Interesarse más por la persona interior de su esposa que por su aspecto exterior.

Doce

Paternidad

La posición cambiante de su esposo respecto al hecho de ser padre

Luego de una acalorada pelea, el hijo de Larry, de diecinueve años de edad, salió corriendo hacia su cuarto y recogió sus cosas con el objeto de irse de casa.

Su padre lo detuvo en la puerta y dijo: "No te irás de aquí estando furioso. Nos sentaremos y hablaremos sobre este asunto. Si luego de hacerlo sigues pensando en irte, te apoyaré, pero no te irás furioso."

Al hablar, pudieron resolver sus diferencias. Cuando terminó la conversación, el hijo de Larry lo abrazó y decidió quedarse.

Algo que le sucedió a Larry cuando él mismo tenía dieciocho años hace que esta historia sea particularmente conmovedora. Sus padres lo encontraron en la puerta de la calle una noche cuando se iba a ver a su novia. Bloquearon la puerta y le dieron un ultimátum: "Tendrás que dejar de ver a esa muchacha o deberás encontrar otro lugar en que vivir."

"Pero, mamá y papá, ¡no me están dando ninguna alternativa!" Discutieron, pero los padres de Larry no cejaron. Esa noche, cuando salió por la puerta de la calle, Larry se fue de su casa y nunca regresó. Eso sucedió hace veinticinco años. Se hizo pastor y se casó con la muchacha a la que iba a ver esa noche. Es la madre del hijo al que esperó en la puerta de la calle de su propia casa.

Larry pudo volver a establecer contacto con sus padres en años recientes, pero nunca se volvió a mencionar ese horrible incidente. Es interesante ver que ciertas decisiones, algunas tomadas impensadamente y otras que al momento parecen insignificantes, pueden alterar por completo el curso de nuestra vida.

EL CORAZÓN DE LOS PADRES

Los padres ejercen una enorme influencia sobre sus hijos. La paternidad es una tarea noble y la mayoría de los padres tienen motivaciones nobles, aunque muchos no alcanzan a cumplir sus propias expectativas. No obstante, la mayoría siente en lo profundo de su corazón que quiere ser como su propio buen padre o como el buen padre que nunca tuvo.

La mayoría de los hombres siente en lo profundo de su corazón que quiere ser como su propio buen padre o como el buen padre que nunca tuvo.

Los padres de todas las generaciones siempre anhelaron lo mejor para sus hijos. Lo que ha cambiado es la manera de llevarlo a cabo. La función del padre cambia rápidamente en nuestra cultura. A menudo, el padre actual hace lo opuesto de lo que hacía su padre.

A partir de las investigaciones que realizamos y de nuestros seminarios sabemos que muchos hombres han tenido poca capacitación para saber cómo ser un buen padre. Un ejecutivo de una tienda de alimentos abandonó a su mujer y a su familia, luego regresó, pero finalmente los dejó para siempre. Dijo: "No lo entiendo. Recibí todo tipo de preparación. Estoy preparado para saber cómo administrar el dinero.

Estoy preparado para realizar mi trabajo. Me he preparado para ser un ejecutivo. Pero nadie me enseñó cómo ser esposo y padre. ¿Dónde obtiene un hombre ese tipo de preparación? Supongo que ya es demasiado tarde para mí, ¿pero qué sucede con los otros hombres como yo? ¿Qué se supone que hagan?"

LA PATERNIDAD BÍBLICA

*E*s sorprendente que, si bien la Biblia nos dice lo que debe hacer un buen padre, dé tan pocos ejemplos de padres comprometidos y de éxito.

Por otra parte, la Biblia registra varios ejemplos de padres no comprometidos. Por ejemplo:

Aconteció que habiendo Samuel envejecido ... no anduvieron los hijos por los caminos de su padre, antes se volvieron tras la avaricia, dejándose sobornar y pervirtiendo el derecho.

1 Samuel 8:1–3

Samuel fue el profeta que ungió a David como rey de Israel. ¿Cómo es posible que tan gran profeta tuviera hijos tan ingratos?

Para comprenderlo, debemos remontarnos a su propia niñez. La madre de Samuel lo envió a vivir al templo con Elí. Este tuvo dos hijos, pero eran malvados. Dormían con mujeres cerca de la entrada del templo y hacían otras cosas despreciables. Elí no prestó atención al comportamiento de sus hijos hasta que fue anciano. Incluso entonces, no disciplinó su mala conducta.

De modo que el único modelo de padre que tuvo Samuel fue Elí y, como padre, era lamentable. Cuando Samuel se convirtió en hombre, imitó el método de "paternidad distante" de Elí, y sus propios hijos se volvieron tan malos como los de Elí. Bastante patético, ¿no es cierto?

Es fascinante que casi todos los ejemplos detallados de paternidad en la Biblia reflejan el fracaso y no el éxito. Adán tuvo problemas con Caín y Abel. Abraham tuvo problemas con Isaac e Ismael. Isaac tuvo problemas con Jacob y Esaú. Jacob tuvo problemas cuando sus hijos vendieron como esclavo a su hermano José.

David también tuvo sus problemas. Su hijo Amnón violó a Tamar, su medio hermana e hija de David. Absalón, hijo de David, luego asesinó a Amnón. Absalón también intentó derrocar a su padre. Lo mismo sucedió con otro hijo de David, Adonías. El general de David asesinó a Absalón. Otro hijo de David, Salomón, asesinó a Adonías. No es un panorama muy bonito.

En un sentido, el hecho de que estos hombres devotos tuvieran hijos que fueran malos debiera ser un consuelo para algunos hombres. Un hijo puede no resultar como uno anhela que sea.

Por otra parte, debido a la gracia de Dios, muchos jóvenes llegan a amar a Dios aun cuando sus padres no lo hagan.

Los principios de la paternidad han cambiado abruptamente, sobre todo en esta generación. Analicemos cómo ha ido cambiando la tarea de padre.

EL PADRE AUSENTE

La última generación de padres creció en la época del *Man in the Gray Flannel Suit* [El hombre del traje gris de franela] de Wilson Sloan. Estos trepadores nómadas de escaleras corporativas eran hijos de la revolución industrial.

Con frecuencia, nuestros padres fueron estoicos porque se les brindó ese ejemplo. Tendían a no relacionarse. Por lo general, evitaban las demostraciones físicas de afecto. Casi nunca expresaban el afecto verbal con palabras como "Te quiero." Papá estaba orgulloso de nosotros, pero solía refrenar expresiones de aprobación y aceptación incondicional. Algunos de nuestros padres fueron muy estrictos, mientras que otros formaron parte de la generación de "padres permisivos". En cualquiera de los casos, no resultaba sencillo acercarse a papá.

La principal lealtad de un padre era con su compañía, fundamentalmente porque la empresa le exigía ser la esencial prioridad en la vida de un hombre. Las grandes corporaciones trasladaban periódicamente a sus hombres y se esperaba de ellos una estricta obediencia.

En 1900, más de la mitad de la población de Estados Unidos vivía en comunidades agrícolas.[1] En esas familias, el padre era una figura visible en el hogar. Al surgir la revolución industrial, comenzaron a trasladar a los padres de la vida cotidiana plena en familia a trabajos especializados en fábricas u oficinas.

Papá estaba orgulloso de nosotros, pero solía refrenar expresiones de aprobación y aceptación incondicional.

Los hombres se iban temprano por la mañana y no se los volvía a ver hasta que terminaba el día. Algunos observadores creen que el efecto sobre la familia fue devastador. Al menos, es un buen recordatorio de que la cultura del "padre ausente" es un fenómeno reciente en la historia.

En las décadas del cincuenta y sesenta, las funciones de la madre y el padre estaban bien definidas. Mamá era la que estaba siempre presente y expresaba su amor; papá era el que estaba ausente y ganaba el dinero. Muchas veces tenía dos trabajos. Entre sus compromisos que le consumían tiempo y valores, papá no formaba parte de la Asociación de Padres y Maestros. No era el entrenador del equipo de la liga infantil de su hijo. No llevaba a sus hijas a la práctica de fútbol... ¡ellas ni siquiera jugaban al fútbol!

EL NUEVO PADRE DE HOY

Si nuestros padres fueron los hijos de la era industrial, nosotros somos los hijos de la era informática.

El péndulo está oscilando. La tarea de padres ha pasado de ser distante a ser presente. El padre de hoy día tiende a relacionarse más con sus hijos, a ser más verbal, a abrazarlos más y a dedicarles más tiempo.

Muchos de los nuevos padres tienen una opinión diferente de la que tenían sus padres respecto de la relación que existe entre carrera y familia. Los hombres cada vez más consideran que la lealtad a su empresa es algo que debe equilibrarse con las necesidades de la familia. Hoy dicen: "Quiero que mis prioridades estén más equilibradas. Quiero más presencia con mis hijos." En definitiva, se produjo un cambio profundo en las actitudes de los hombres.

Los hombres cada vez más consideran que la lealtad a su empresa es algo que debe equilibrarse con las necesidades de la familia.

En la actualidad, los padres permanecen muy alejados de gran parte de la vida cotidiana de la familia debido a los lugares en que trabajan, aunque también colocan gran énfasis en equilibrar la necesidad de ganar dinero con la de cumplir su función de padre.

Un padre, socio de una firma contable, le dijo a su empresa a principios de la década del setenta que no aceptaría otro traslado. En esa época, sus dos hijos ingresaban a la escuela secundaria. Al cabo de unos años, dejó de trabajar allí. Se trataba de "traslado y ascenso o irse". Pero no se arrepiente de ello. "Quería arraigarme en un lugar y quedarme. Eso hice y las cosas resultaron buenas." Si bien este tipo de empresas sigue existiendo, las cosas están cambiando, aunque lentamente.

A fines de la década del ochenta, se le solicitó a un ejecutivo de una importante empresa petrolera que aceptara un ascenso. Eso significaba desarraigar a sus hijos de la escuela y los amigos y a su esposa del vecindario y de sus amigos, además de tener que cambiar de iglesia. Rechazó ese y muchos otros ascensos en los años siguientes. Finalmente, dejaron de ofrecérselos, pero la empresa comprendió que tenía un empleado sumamente leal y valioso, que continúa trabajando para ellos.

En la actualidad, las actitudes de las compañías están cambiando para dar lugar a los hombres que quieren comprometerse con las prioridades de la familia. Sin embargo, muchas empresas se siguen administrando como lo hacían antiguamente. Hace poco, estuve sentado en un avión al lado de un hombre que iba a entrevistarse con un potencial empleador. ¡La compañía para la que trabajaba le pedía que se trasladara por cuarta vez en cinco años!

Resulta alentador ver cuántos padres hoy día actúan con liderazgo y defienden un conjunto más equilibrado de principios de paternidad.

LOS PRINCIPIOS DE UNA PATERNIDAD INTEGRADA

El padre comprometido

El cambio principal en los padres que participan es la cantidad de horas que quieren dedicar a estar con sus hijos. Y no se trata solo del tiempo que dedican, sino de lo que también están dispuestos a ceder o a acomodar para hacerlo. Formo parte de una junta directiva que incluye hombres de todo el país. En una reciente reunión de dos días, un hombre se despidió de mí al finalizar el primer día. "¿Adónde va?", le dije.

"Me voy a casa para poder asistir mañana a la ceremonia de graduación de sexto grado de mi hija."

Entre los padres hay un sentimiento creciente de querer "estar presentes" en las ocasiones importantes de la vida de sus hijos.

Debo haber levantado las cejas, porque agregó: "Sé que no suena como un hecho muy importante, pero para ella lo es." Y luego añadió: "Debo decir que mi esposa tuvo que pedirme con insistencia que regresara a tiempo."

¡Qué hermoso ejemplo de un padre "en proceso". De un corazón dispuesto. De una esposa alentadora. De una hija feliz. Por supuesto, hay algunas reuniones a las que no se puede faltar. Pero entre los padres hay un sentimiento creciente de querer "estar presentes" en las ocasiones importantes de la vida de sus hijos.

A los hombres de nuestros seminarios les enseñamos lo siguiente: "Si no tienen suficiente tiempo para dedicarle a sus hijos, pueden estar ciento por ciento seguros de que no siguen la voluntad de Dios." Nunca me encontré con un padre que no estuviera de acuerdo.

Todos los hombres que conozco estarían dispuestos a dar la vida por sus hijos. Cada vez más, los hombres también están dispuestos a vivir para ellos.

El padre equilibrado

Otro cambio importante en la paternidad "práctica" es pasar de la *ley* a la *gracia*. Tal vez la famosa idea de Jim Dobson lo resume: "Crecer es difícil. Nuestra tarea debiera ser simplemente ayudarlos a superar esa etapa."

Los dos grandes problemas de ser padre son: 1) falta de estructura; y 2) demasiada estructura. Los padres bíblicos ya mencionados son ejemplos de padres que no brindaron suficiente estructura. Muchas veces, el problema es lo contrario: demasiada estructura. Los niños ven en papá a alguien que impone una disciplina férrea, estricta, manteniéndose distante de la parte "cotidiana" de la familia. Al igual que un águila posada en lo alto, papá permanece indiferente hasta que haya que disciplinar a los niños. Entonces desciende en picada, les da bofetadas a los niños para luego regresar a su posición privilegiada hasta que lo vuelvan a necesitar. Como dijo un hombre: "Hiciera lo que hiciere, nunca podía complacer a mi padre."

Todos los hombres que conozco estarían dispuestos a dar la vida por sus hijos. Cada vez más, los hombres también están dispuestos a vivir para ellos.

En nuestros seminarios les enseñamos a los padres: "Pueden criar a sus hijos bajo la gracia o la ley, pero la gracia es mejor. Si los crían bajo la ley, puede que no deseen pasar mucho tiempo con ustedes cuando se hayan emancipado."

Los padres tienden a brindar demasiada estructura donde debiera haber libertad, y demasiada libertad donde debiera haber estructura. Por ejemplo, a menudo los padres tienen reglas muy estrictas sobre el aspecto físico de los adolescentes, pero no formulan suficientes preguntas para saber con qué tipo de personas andan.

Los padres involucrados se dan cuenta de que sus hijos necesitan más gracia. Quieren alentar y no desalentar a sus hijos.

El padre expresivo

Otro principio de los padres comprometidos es el esfuerzo que hacen para ser más expresivos, tanto verbal como físicamente.

Un día, cuando mi hijo John tenía trece años, dijo:

—Papá, ¿no quisieras hacer unos tiros de baloncesto conmigo?

Yo nunca quise nada tanto en mi vida como John amaba el baloncesto. Lo adoraba. Practicaba sin cesar. Me sentí eufórico ante su invitación y dije:

—Por supuesto.

Elevó el tiro y la pelota pasó por el aro haciendo un silbido. Le dije:

—Gran tiro, John. Gran tiro.

Disparó otra pelota. Picó en el borde del aro.

—¿Recuerdas que decías que querías mantener tu codo derecho? Creo que en ese tiro lo torciste un poco.

Lanzó otro tiro. Repiqueteó alrededor del aro y luego cayó dentro del cesto.

—Maravilloso, John. Estás jugando muy bien.

John dejó de rebotar la pelota, me miró y dijo:

—Papá, ¿podrías intentar no ser mi entrenador?

Para ser sincero, debo decir que se me llenaron los ojos de lágrimas. Esta no era la primera vez que pasaba algo parecido. Trataba de hacer algo positivo, intentando invertir en mi hijo. Pero todo estaba saliendo mal.

Cuando iba a responderle, creo que Dios me dio discernimiento. Dije:

—John, sé que no puedo ser tu entrenador, pero te amo mucho y solo quiero lo mejor para ti. No trato de ser tu entrenador, sé que no estoy calificado para ello. Hijo, estoy intentando *alentarte.*

¡Un golpe magistral! Comprendió. También yo comprendí. ¡Existe una diferencia entre tratar de ser porrista y entrenador! En ese instante, padre e hijo hicieron contacto. Los cielos se abrieron. Entró la luz. Fue un momento memorable.

—Papá, de todas maneras te agradecería que no dijeras nada cuando estoy haciendo un tiro —agregó después.

A los padres, por lo general, les cuesta expresar afecto físico. Estudios de la década del setenta demostraron que la mayoría de los padres solo tocaban a sus hijos por necesidad, como ayudarlos a vestirse o a entrar al automóvil.[2] El padre de hoy por lo menos está escuchando más acerca del afecto físico y muchos lo están tomando en serio.

El padre de hoy quiere abrazar y alentar a sus hijos. Se está dando cuenta de que necesita decirle a sus hijos: "Te amo" y "Estoy orgulloso de ti".

EL MITO DEL SUPERPAPÁ

En una encuesta realizada por el Centro Nacional para Padres entre los asistentes a *Cumplidores de Promesas* (en su mayoría un grupo de hombres activos en la iglesia), se les pidió a los hombres que respondieran a la frase: "Ser padre es abrumador." Cuarenta y uno por ciento respondió que esas palabras son "verdad en gran parte o en parte".[3]

Muchos padres, en particular los más jóvenes, se sienten abrumados al intentar hacer malabarismos para cumplir con lo que se espera del padre "del siglo veintiuno". Estos esposos y padres me dicen que sienten que ahora la sociedad espera que sean padres cariñosos y atentos que participan en las actividades de sus hijos, un esposo expresivo y afectuoso que pasa mucho tiempo con su esposa y ayuda en los quehaceres domésticos, un laico activo que participa en los ministerios de la iglesia y un triunfador (léase "que gana mucho dinero") trabajador que costea un estilo de vida que "solo usa marcas renombradas".

Hace varios años, un hombre de Tejas, frustrado con el rumbo que tomaba su vida, realizó algunos cambios importantes. Fundó un grupo de estudio para hombres que atravesaban dificultades similares. Descubrió que la respuesta fue increíble y en la actualidad sigue dirigiendo ese grupo.

En una carta reciente, expresó con elocuencia la frustración que sienten muchos hombres. Veamos lo que dice.

Sin embargo, lo que resulta frustrante es que miro hacia atrás y veo mi vida y la de los hombres que participan [en su grupo] y descubro muy pocos cambios. Cuando leo el listado original de catorce hombres, unos pocos abandonaron a su esposa, otros obtuvieron un buen ascenso y trabajan ahora más que nunca, algunos dejaron de venir por falta de interés, etc.

Encuentro la misma situación en otros ministerios para hombres. Cuando hace algunos años treinta de nosotros regresamos de un retiro para hombres, estábamos sumamente entusiasmados. Sin embargo, a las pocas semanas, volvíamos a la misma rutina de antes.

He dedicado mucho tiempo a meditar sobre esta situación. Si bien hay muchas razones, creo que la relación con nuestra esposa es la más interesante de todas. Las esposas de los hombres de mi grupo y de los que asistieron al retiro parecen respaldarlos mucho. Están entusiasmadas ante la posibilidad de que su esposo convierta al matrimonio en una mayor prioridad. O que dediquen más tiempo a estar con sus hijos. O que sean mayores líderes espirituales. O que estén menos tiempo en la oficina. ¡El problema es que *hacer todas esas cosas lleva tiempo*!

Solía trabajar sesenta horas por semana. Ahora, apenas trabajo cuarenta. Y estoy muy complacido porque disfruto más que ninguna otra vez en la vida de estar con mis hijos. Mi matrimonio está mejor que nunca. Estoy mucho más equilibrado. Pero mi esposa quisiera tener un automóvil nuevo el año que viene y no tenemos dinero para eso. Y mis hijos quisieran ropa de marca, como tienen los demás. Y todas las demás familias van a Disney World... ¿por qué no podemos hacerlo nosotros?

Hablo de esta situación con hombres. Cuando usted y su esposa "visualizan" todos estos beneficios, ¿también se visualizan en un automóvil de doce años de antigüedad en el estacionamiento de la iglesia con un tapacubos faltante y una batería muerta? ¿Se sentirá entonces entusiasmada su esposa? Para ser sinceros, ¿acaso a las esposas no les gustan las cosas buenas de la vida? ¿Y acaso no quieren que su marido también esté muy de lleno en la vida familiar? No sé usted, pero no puedo ganar setenta mil dólares al año trabajando cuarenta horas a la semana.

Para muchos de nosotros, generar el tiempo necesario para ser un gran padre, un esposo maravilloso y un laico dedicado significa una reducción *sustancial* en el estilo de vida, ¡y estoy totalmente dispuesto a hacerlo! Pero algunas de nuestras esposas no lo comprenden. Creo que marido y mujer deben sentarse, *juntos*, y preguntarse: "¿Estamos dispuestos a reducir nuestro estilo de vida sustancialmente para poder crear este nuevo estilo de vida?" Si *juntos* decimos "sí", estamos *juntos* en nuestro entendimiento y es mucho más probable que lo hagamos resultar.

El problema es que la mayoría de nosotros no lo hacemos. Simplemente pensamos que intentaremos con mayor empeño, que nos acostaremos más tarde, abandonaremos nuestras aficiones y "lo haremos entrar por la fuerza en nuestra agenda". Pero no sucede. Invertir en la vida de nuestra familia nos lleva otras cuarenta horas a la semana. (¡Hace un mes que no leo el periódico!)

En las décadas de los setenta y ochenta, los hombres tenían el falso concepto de que su esposa podía trabajar a tiempo completo, ser una gran compañera, pasar un tiempo interminable con los niños, cocinar y tener tiempo de sobra. ¿Se acuerda? La "supermamá".

Bueno, ahora sabemos que eso no existe. Tampoco existe el "superpapá". Y nosotros, los hombres, no somos más capaces de lograrlo que las mujeres. Sin embargo, ellas mismas aún no lo saben.

De algún modo, debemos arrojar luz sobre esta situación para ayudar a los esposos, a las esposas y a los niños a llegar a un mejor entendimiento al respecto. Sé que existe una forma, solo que todavía no la he descubierto.

Bueno, debo irme a trabajar. Lamento haber escrito esto tan deprisa, ¡pero tengo obligaciones familiares que atender!

Atentamente,
Carl

La función del padre está cambiando. En el proceso, los esposos deben asegurarse de que no es un simple método de "agregar" más cosas a una agenda sobrecargada.

Los esposos deben decidir tratar de encontrar un buen equilibrio entre sus prioridades que entran en competencia. Cada vez que él hace algo, *no* está haciendo otra cosa. Las esposas deben discernir cuánto pueden esperar, en forma realista, que haga su esposo y luego ayudarlo a equilibrar todas las posibilidades.

CÓMO PUEDE AYUDAR A SU ESPOSO

Quizá su esposo eligió entre los dos estilos opuestos de paternidad: el comprometido y el no comprometido.

Si su esposo no se compromete, por supuesto que se pierde una bendición maravillosa y una oportunidad de moldear y forjar a sus hijos. Ore por él. Aliéntelo a asistir a uno de los muchos seminarios y conferencias disponibles para hombres. Si le gusta leer, encontrará muchos libros que abordan el tema de la paternidad.

Si su esposo es del tipo comprometido, ¿decidieron juntos y a plena conciencia qué ajustes están dispuestos a hacer?

Algunas esposas (y esposos) dicen que quieren cambiar, pero no quieren dejar de lado nada para lograrlo. ¡Eso no es cambiar! Eso es intentar tenerlo todo sin tener que elegir.

Si usted y su esposo consideran que el tipo de padre activo, comprometido y entregado es una parte atractiva de su estilo de vida, siéntense proactivamente con un calendario y vean cómo equilibrar las horas entre la vida espiritual, la matrimonial, la familiar y la laboral. Decidan juntos qué sacrificios económicos y de estilo de vida estarían dispuestos a hacer para tener una mejor calidad de vida familiar.

Las esposas deben discernir cuánto pueden esperar, en forma realista, que haga su esposo y luego ayudarlo a equilibrar todas las posibilidades.

Y, dicho sea de paso, pudiera ser útil alentar a su esposo cuando lo descubra haciendo algo bueno como padre.

UNA REFLEXIÓN PARA LOS ESPOSOS

Los padres realizan un aporte único al bienestar de sus hijos. Nadie puede influir sobre sus hijos como usted: ni las madres, ni los predicadores, ni los maestros ni los entrenadores. Pueden ayudar, pero la tarea de padre es algo que solo usted puede hacer.

Por importante que resulte ser padre y por nobles que sean los motivos de la mayoría de los padres, es interesante cuántos de nosotros no logramos cumplir con nuestras expectativas. Sin embargo, la mayoría sentimos en lo profundo del corazón que queremos ser como nuestro propio buen padre o el buen padre que nunca tuvimos.

A medida que se modifica el papel cultural del padre, a menudo nos encontramos haciendo exactamente lo opuesto a lo que hicieron nuestros padres con nosotros. Por ejemplo, expresiones de afecto físico o decir "Te amo" con frecuencia son comunes hoy día, mientras que en una generación atrás eran muy escasas.

Si bien nos prepararon para trabajar, la mayoría de los hombres no han recibido en verdad la capacitación para ser padres. ¿Qué tipo de preparación tuvo usted para ser un buen padre?

El padre de hoy día está en la transición de ser un padre no comprometido a uno comprometido. Actualmente solemos relacionarnos más, ser más expresivos, abrazar más y dedicar más tiempo a nuestros hijos que nuestros padres, en gran parte debido a un cambio cultural.

La tarea de padre es algo que sólo usted puede hacer.

Hoy día vemos con frecuencia la relación entre el trabajo y la familia en forma diferente a como la percibieron nuestros padres. Cada vez con mayor asiduidad vemos la necesidad de equilibrar la lealtad a la compañía con las necesidades de la familia. Cada vez somos más los que decimos: "Quiero tener un mejor equilibrio en mis prioridades. Quiero estar presente para mis hijos." Este es un cambio profundo en nuestras actitudes.

¿Cómo cambiaron sus actitudes hacia la paternidad? ¿Es un padre comprometido o no? Dedique un instante a leer la sección del capítulo titulada "El mito del Superpapá". ¿Cómo se siente en cuanto a los temas planteados en la carta de Carl?

Lea la sección "Los principios de una paternidad intregada". ¿Cuán comprometido está usted? ¿Cuán equilibrado? ¿Cuán expresivo es? De ser necesario, ¿por qué no esforzarse por ser un padre comprometido?

¿Por qué no tomarse un tiempo para hablar con su esposa acerca de sus propias opiniones sobre la paternidad? Pregúntele el rumbo que ella quisiera que tome la prioridad del "tiempo en familia". ¿Qué cambios estarían dispuestos a hacer *juntos* para obtener la calidad de vida que ambos desean?

Por último, hoy día existen muchos seminarios maravillosos que *sí* enseñan a los padres a ser padres. ¿Por qué no toma la iniciativa de buscar uno y asistir a él?

Tercera parte

Trece

Años duros

Cómo vivir con un esposo difícil

Una de las cosas que hice a fin de prepararme para escribir este libro fue enseñar una serie llamada: "Lo que los esposos desean que sus esposas sepan sobre los hombres" en nuestros estudios bíblicos de los viernes por la mañana.

Una semana, le dije a Patsy que hablaría sobre el tema: "Cómo vivir con un esposo difícil."

Me dijo sin expresión alguna en su rostro: "¿Quieres que vaya y dé mi testimonio?"

Al comenzar la lección del día, les pregunté a los hombres: "¿Cuántos de ustedes son o han sido esposos difíciles con los cuales convivir?"

No me era posible contar las manos levantadas, de manera que pregunté: "¿Cuántos de ustedes *no* han sido esposos difíciles con los cuales convivir?" Tres de los aproximadamente ciento cincuenta hombres presentes levantaron la mano.

Mi mayor preocupación era que los hombres miraran a su alrededor y pensaran: *"¡Vaya, miren eso! Así somos los hombres. Entonces no soy tan diferente. ¡Supongo que al fin y al cabo no soy tan malo!"*

No es solo el hombre promedio el que lucha. Una docena o más de nuestros líderes del ministerio se reunieron en mi casa. Les pregunté: "¿Cuántos de ustedes son o han sido esposos difíciles con los cuales convivir?" Todos, menos uno, levantaron la mano.

Es una verdad terrible y devastadora darse cuenta de que uno es un esposo difícil. Nunca olvidaré el día en que mi esposa me dijo sin rencor: "Eres un hombre con el que resulta difícil convivir." Es algo que uno ya sospecha vagamente; pero las cosas cambian por completo cuando la mujer que amamos nos lo dice. A partir de entonces me he esforzado por mejorar y Patsy me dijo que lo he logrado. Sin embargo, es muy fácil volver a caer en esa trampa.

Esposas, los hombres nos aborrecemos cuando somos difíciles.

DEFINICIÓN DE UN ESPOSO DIFÍCIL

No son pocas las esposas que deben convivir con un esposo difícil. Amedrentan, manipulan, intimidan, se quejan, lloriquean, gruñen, maltratan y obvian. Tal vez tengan una lengua mordaz o una que rara vez responda. Se salen de sus casillas, se retraen de la vida familiar o ambas cosas.

Todos nosotros, esposas y esposos por igual, somos a veces personas difíciles con las cuales convivir. En ocasiones todos los esposos caen en la trampa de intimidar o quejarse, pasar por alto o lloriquear. Estos son hombres "normales". Entonces, ¿cuál es la diferencia entre un esposo "normal" que de vez en cuando es difícil y un esposo "difícil" que de vez en cuando es normal? Es la línea que cruzamos.

La prueba más genuina de si un esposo es difícil o no consiste en preguntar: "¿Se trata de algo crónico?" Luego de intentos repetidos y humildes por parte de su esposa por corregirlo, ¿continúan las dificultades? ¿Emplea el *enojo* y el *retraimiento* como armas en forma *cotidiana*?

Otra pista clara es "la prueba de la vergüenza". Si un esposo se sintiese avergonzado de que las personas supieran cómo trata a su mujer, es difícil. Un hombre lo dijo de este modo: "Si mi mujer hubiera contado algunas de las cosas que le he hecho, me habría puesto en desgracia."

Un hombre es difícil si es una persona en público y otra, con un lado oscuro, en privado. Si un esposo no vive una sola vida de un único modo, bien pudiera ser un esposo difícil.

Los esposos difíciles pueden ser *verbales* o *no verbales*. Un hombre le grita a su mujer. Otro se niega a hablarle.

Los esposos difíciles pueden ser *agresivos* o *pasivos*. Un hombre pierde los estribos, el otro lloriquea o hace mohines.

> *Todos nosotros, esposas y esposos por igual, a veces somos personas difíciles con las cuales convivir.*

Cuando agrupamos estas cuatro características, terminamos con cinco tipos diferentes de esposos difíciles:

1. Los que intimidan: verbales y agresivos
2. Los que gimotean: verbales y pasivos
3. Los que obvian: no verbales y agresivos
4. Los resentidos: no verbales y pasivos
5. Los que maltratan: cualquiera de los cuatro anteriores con maltrato verbal o físico

Estas son algunas de las cosas que debe saber sobre estos cinco tipos de esposos difíciles.

Los que intimidan

En una cena que se llevó a cabo en su casa, Thomas dedicó dos largos minutos a reprender a su esposa frente a los invitados porque los panecillos no estaban lo bastante calientes.

Scott dijo: "Mi estilo es salirme de las casillas conociendo solo la mitad de los hechos. Para colmo, exagero las consecuencias de las cosas que no se hacen a mi modo. Nunca alcanzo a ver más de la mitad de los hechos referentes a un tema porque pierdo el control antes de conocer el panorama global de la situación."

Los que intimidan son agresivos y verbales. Utilizan sus habilidades verbales para manipular, intimidar y criticar. Cuando pierden los estribos se las arreglan para usar su buena habilidad verbal para herir a su esposa en lo profundo de su corazón. Parecen conocer los lugares adecuados donde horadar.

Los que intimidan suelen negar que todo anda mal a gran escala y luego explotan por una falta leve.

Una ironía es que en sus trabajos los que intimidan por lo general se indignan ante hombres verbales y agresivos con ellos o sus colegas. Sin embargo, al regresar a casa hacen exactamente lo mismo con su propia mujer e hijos.

A menudo, los que intimidan pueden afrontar mejor las cosas grandes que las insignificantes. Puede perder una cuenta grande, enterarse que el refrigerador dejó de funcionar y lidiar con calma con su hijo que descubrieron probando drogas. Sin embargo, perderá los estribos cuando el jabón se cae en la ducha. ¿Qué sucede en realidad? En estas situaciones, las pequeñas cosas provocan la frustración negada y acumulada por las cosas importantes que al parecer enfrenta bien (pero que en realidad no lo hace). Los que intimidan suelen negar que todo anda mal a gran escala y luego explotan por una falta leve.

Yo soy la respuesta a las oraciones de Patsy. No soy lo que ella pidió, pero soy la respuesta que obtuvo. Soy totalmente idealista (un tributo a las "formas" de Platón) y tiendo a ser perfeccionista. Lo soy tanto, que en secreto no puedo comprender por qué todos no desean serlo también. (Piense en cómo podríamos volver a encarrilar al mundo.) Me he moderado con los años, pero este lado oscuro mío aparece cada vez que dejo de caminar estrechamente con mi Señor.

Mi respuesta típica cuando Patsy me llama la atención al respecto es: "¡Pero yo lo puedo explicar!" Y eso es parte del problema. Como lo dijo un amigo consejero: "Nuestra tendencia como hombres es adoptar el papel de abogado y

volver loca a nuestra esposa con la lógica." Los que
intimidan siempre pueden dar explicaciones. Esa habilidad verbal es el ingrediente clave
que en principio lo convierte en
alguien que intimida.

> *Yo soy la respuesta
> a las oraciones
> de Patsy.
> No soy lo que pidió,
> pero soy la
> respuesta que
> obtuvo.*

Yo soy verbal-agresivo y Patsy
es no verbal-pasiva. Esta combinación bastante común es un holo-
causto nuclear listo a desatarse.
Cuando un esposo verbal agresivo
le dice algo a su esposa, en lo que a
él respecta, se lo dijo, ya fue y ya
pasó. Está preparado para seguir
adelante. Piensa que se ha ocupado de "un problema".

No obstante, es una situación espinosa. Cuando él le
dice ese "algo" a una esposa no verbal-pasiva, ella suele tomarlo en forma muy personal. Él piensa que está hablando
sobre "un problema", pero ella lo escucha hablar acerca de
"una persona": ella. Él está listo para seguir adelante, pero
ella no puede dejar de pensar en eso.

A través de los años, Patsy ha interpretado muchas de
las cosas que he dicho como una aceptación condicional de
ella como "persona". Le hago sentir que nunca puede llegar
a cumplir con mis expectativas, que no puede alcanzar mis
normas de desempeño. No es mi intención que eso suceda... pero es lo que ella escucha.

Los que gimotean

Michael y yo debemos encontrarnos periódicamente
debido a la relación comercial que mantenemos. Sin embargo, cada vez que pienso que voy a reunirme con él, me
corre frío por la espalda. Michael es un campeón mundial
de los quejosos.

Los quejosos son verbales, saben cómo hablar. Pero no
son particularmente agresivos. En lugar de abordar un
problema de frente, el quejoso prefiere refunfuñar, rezongar y gimotear. Quiere evitar el conflicto, pero aun así desea hablar del tema. Esto conduce hacia usted, su esposa.

Los quejosos quieren ensayar todos los desaires, reales y percibidos, y los agravios que sufren y que no desean abordar en forma directa.

Simplemente por el hecho de que los quejosos no son agresivos, no crea ni por un instante que no se enojan. Los gruñones no son felices porque son fundamentalmente personas negativas.

Nuestra tendencia como hombres es adoptar el papel de abogado y volver loca a nuestra esposa con la lógica.

El quejoso sufre de la enfermedad "pobre de mí". Siente que el mundo lo persigue. Las personas ante las que se queja sobre sus problemas son, por lo general, las que no pueden hacer nada al respecto. A veces el quejoso sube el volumen y no solo se queja de los demás, sino que se queja de su esposa en presencia de ella.

Un hombre dijo: "Mi primera tendencia siempre ha sido arrojarle los problemas a mi esposa. Ahora, estoy aprendiendo a llevarle las cosas al Señor. La Biblia dice: 'Echa sobre Jehová tu carga.'"

Alguien dijo: "Gime, pero no rezongues." Esa es una buena teología. Mientras esperamos el cielo gemimos en nuestro interior. Sin embargo, en toda la Biblia, la queja siempre ha sido un signo de desobediencia y de falta de fe.

Los que obvian

En los primeros años de su matrimonio, David, que es dueño de una empresa de construcción, estuvo inmerso en alcohol, drogas y mujeres. Dijo: "Complacía todas mis inclinaciones naturales." David tuvo un encuentro con Dios que le cambió la vida. Hoy día, su matrimonio es sólido como una roca.

David reflexionó: "Si me comunico con mi esposa a diario y la atiendo, la vida es maravillosa. Pero no es natural para mí hacerlo. Ella debe recordármelo. Solo entonces hago los ajustes necesarios. Sin embargo, soy un hombre débil que necesita esos recordatorios. Y no me enfadan. Valoro que ella me lo diga."

Los que obvian son no verbales. A veces su esposa se pregunta qué puede hacer para obtener más que un gruñido de su esposo. Estos pueden ser pasivo-agresivos (por ejemplo, arrastrar los pies, no responder cuando se les habla, dejar de hacer los quehaceres de la casa o los mandados que prometieron). Pero por lo general no son tímidos en cuanto a ser abiertamente agresivos. En otras palabras, estas personas no se quedan de brazos cruzados haciendo mohines: obtienen lo que desean. Dictan la ley y exigen que se cumpla.

Scott dice:

Al principio, en nuestro matrimonio, era dogmático en cuanto a mi palabra. Sin embargo, podía comunicarme. Sentía frustración, me enfurecía y después, puesto que en realidad no sabía cómo expresarme, me retraía y me alejaba de la familia.

Afortunadamente para mí, mi esposa me enseñó a comunicarme. Ahora, todas las noches la cena se convierte en un foro de comunicación. Cada uno puede hablar de lo que le guste y a mí no se me permite interrumpirlos abruptamente. Debo escuchar y luego responder en forma constructiva. Esto ha marcado una gran diferencia en la "percepción" de nuestra vida familiar.

La hija de Scott, Leslie, encontró a un hombre igual a su padre. Se enamoró y se comprometieron. El año pasado ella rompió el compromiso. Como lo dijo Scott: "Era tal como yo solía ser. Hundía su cabeza en la arena y no afrontaba las cosas. Sin embargo, hay una diferencia entre los dos. Yo no podía comunicarme, pero tenía la disposición de hacerlo, mientras que él ni siquiera estaba dispuesto a intentarlo."

Bob dijo: "He pasado por alto a mi esposa durante muchos años. Como hombres, a menudo tendemos a anteponer todo a nuestra esposa: nos ocupamos de los negocios, la iglesia, los niños y la comunidad, pero no nos ocupamos de nuestra esposa. Este verano, mis niños pasaron varias semanas con nuestros familiares en el norte del país. Fue una ocasión especial para dedicarme a mi esposa. Fue una época increíble en la que nos conocimos a un nivel más profundo. Es increíble que la haya olvidado durante tanto tiempo."

Los resentidos

Una mujer estaba en el consultorio de su terapeuta y el consejero le preguntó: "¿Se levanta con mal humor por la mañana?"

Ella respondió: "No, por lo general intento dejarlo dormir."

Los resentidos son quejosos no verbales. Son tan negativos y pasivos como los quejosos, pero prefieren no hablar.

Ben estaba secretamente resentido con su esposa por lo que consideraba una vida sexual deficiente. Su manera de abordar el tema era rehusarse a ayudarla con los quehaceres domésticos de la casa: *Me esfuerzo todo lo que puedo en el trabajo, así que...* —pensó—: *Puesto que no tienes tiempo para las relaciones sexuales, te tendrás que ocupar tú sola de la casa.* Este es un tipo de conducta pasivo-agresiva. Tiene aspecto de pasividad, pero es una agresión en sí.

Una mujer estaba en el consultorio de su terapeuta y el consejero le preguntó: "¿Se levanta con mal humor por la mañana?"

Ella respondió: "No, por lo general intento dejarlo dormir."

Si los que se quejan son "pobre de mí", los resentidos son "víctimas". Este esposo por lo general tiene su identidad puesta en su trabajo, por lo tanto su modo de "ser" depende de cómo le fue en su día laboral. Puesto que es no verbal y pasivo, por lo general pasa inadvertido en la oficina o en el trabajo. Esto lo convierte en un aguafiestas con el cual vivir porque no afronta sus problemas y frustraciones en forma constructiva.

Los que maltratan

Hemos tratado la diferencia entre un esposo "normal" que puede ser difícil y un esposo "difícil". ¿Cuándo se convierte un esposo "difícil" en un esposo "que maltrata"?

Si un hombre golpea una sola vez a su esposa, se sospecha que es abusador. Si lo vuelve a hacer, es un abusador. Tal vez esto suene demasiado estricto, pero un verdadero hombre nunca golpea a una mujer. Si su esposo la maltrata o si tiene una amiga cuyo esposo la golpea, no puede dejarlo pasar. Ese hombre es un abusador y necesita ayuda profesional. Usted o su amiga pueden necesitar ayuda profesional.

Si un hombre le dice cosas a su esposa que ningún hombre jamás debiera decir, es un necio. Sin embargo, si lo hace periódicamente, es más que un necio, es un abusador verbal. Si le teme a su esposo cuando grita y pierde los estribos, y esto sucede a diario, él tiene más que un problema de todos los días. Usted debiera visitar a su pastor o a un terapeuta profesional para aprender a ayudar a su esposo y ayudarse usted misma.

CÓMO CURAR UN MATRIMONIO DIFÍCIL

Finalmente, la cura de un matrimonio con un esposo difícil implica un compromiso espiritual. Sin la dirección de la Biblia, el matrimonio queda sujeto a los caprichos y las opiniones personales que, por supuesto, cambian como el rumbo de los vientos.

La Biblia exhorta a los esposos (y a las esposas):

- "Vosotros, maridos, igualmente, vivid con ellas sabiamente, dando honor a la mujer como a vaso más frágil" (1 Pedro 3:7).

- "Ninguna palabra corrompida salga de vuestra boca, sino la que sea buena para la necesaria edificación, a fin de dar gracia a los oyentes" (Efesios 4:29).

- "El amor es sufrido, es benigno; el amor no tiene envidia, el amor no es jactancioso, no se envanece; no hace nada indebido, no busca lo suyo, no se irrita, no guarda rencor; no se goza de la injusticia, mas se goza de la verdad. Todo lo sufre, todo lo cree, todo lo espera, todo lo soporta" (1 Corintios 13:4–7).

A medida que cada vez más esposos quedan expuestos a estas verdades, toman decisiones importantes para cambiar su vida.

Ken dijo: "Nuestra relación cambió cuando mi esposa me vio tomar con seriedad mi relación con el Señor."

Nuestra relación cambió cuando mi esposa me vio tomar con seriedad mi relación con el Señor.

Al dijo: "Mi esposa puede ver una diferencia cuando estoy en compañía de hombres devotos."

Y mientras estos hombres deciden ser "hacedores de la Palabra y no solo oidores", ponen en práctica sus decisiones y comienzan a sanar su matrimonio.

¿CÓMO PUEDE AYUDAR A SU ESPOSO?

Sobre la base de lo que nos han estado diciendo los hombres, usted tal vez esté, o haya estado, viviendo con un esposo difícil. Sin embargo, lo más probable es que sea un esposo que de corazón desee obrar bien.

Puede que intimide, gimotee, pase por alto o se resienta. ¿Cuáles debieran ser sus expectativas lógicas luego de leer este capítulo?

Debiera prepararse para dos posibilidades: su esposo cambiará o no lo hará.

¿Qué puede hacer para que su esposo cambie? La respuesta espiritual es que solo la gracia de Dios puede cambiar a un hombre y la mejor forma de buscar eso es a través de la oración. La respuesta práctica es que debe enfrentar con amor su conducta pecaminosa. Tal vez usted necesite la ayuda de un consejero para saber cómo hacerlo. Deberá insistir en que la trate con respeto como una expresión de su obligación de amarla y cuidarla.

Si su esposo tiene convicción de pecado y cambia, regocíjese.

Si no responde de inmediato, continúe en la fe ayudándolo a obtener autocontrol. Algunos de nosotros somos algo lentos. Un consejero de hombres les dice a las mujeres: "En realidad siento pena de que tengan que vivir con nosotros, los hombres. Somos densos. Si nadie presenta una queja hoy, suponemos que el asunto ya está arreglado."

Muchos esposos no cambiarán. Son egoístas y no están preparados para someterse a los principios bíblicos del amor y el matrimonio. Debe prepararse para esa posibilidad.

Si su esposo no va a cambiar, usted deberá aprender a sobrellevar la situación. No permita que la someta. No sea codependiente. En otras palabras, no deje que el problema de él se convierta en el suyo. Una respuesta codependiente sería si su esposo se enfurece y la culpa y usted acepta esa culpa. No permita que su esposo difícil le arruine el día.

La Biblia ofrece una pauta clara, si bien exigente, para las mujeres de esposos difíciles:

> Asimismo vosotras, mujeres, estad sujetas a vuestros maridos; para que también los que no creen a la palabra, sean ganados sin palabra por la conducta de sus esposas, considerando vuestra conducta casta y respetuosa
>
> 1 Pedro 3:1-2

UNA REFLEXIÓN PARA LOS ESPOSOS

Casi todos los hombres admitirán que son, o que han sido, esposos difíciles con quienes vivir. Yo lo admito. ¿Ha sido usted un esposo difícil?

¿Cómo puede decir con certeza si es o no un esposo difícil? Las siguientes son dos preguntas que debe formularse:

- **La prueba crónica:** ¿Soy crónicamente difícil? ¿Hago uso del enojo y del retraimiento como armas en forma cotidiana o casi cotidiana?

- **La prueba de la vergüenza:** ¿Me sentiría avergonzado si la gente supiera cómo trato a mi esposa en privado?

Si respondió afirmativamente a cualquiera de las preguntas, puede estar bastante seguro de que a su esposa le resulta difícil convivir con usted. Déjeme alentarlo a que lea este capítulo y ore a Dios para que le demuestre qué hacer. Tal vez se podría encontrar con un buen amigo o con un consejero para hablar del tema.

Como esposos, tenemos que tomar el papel de liderazgo para superar nuestra calidad de persona difícil. Lo que corre peligro cuando somos difíciles es la intimidad y la relación con la única persona en todo el mundo que en realidad está con nosotros en esto. Un fracaso en este aspecto es un precio demasiado alto.

Perspectiva

¿Por qué tal vez su esposo no sea tan malo como cree?

Un sábado por la mañana, un matrimonio leía tranquilamente el periódico y tomaba una segunda taza de café.

Al parecer, de la nada, él dijo:

—Soy un fracaso como marido.

—¿Por qué se te ocurre decir eso? —dijo ella—. No eres un fracaso. Eres un esposo maravilloso.

—Bueno, no es así como me siento —respondió.

—Cariño —dijo ella—, ¿cómo es posible que te sientas de ese modo?

—No lo sé, pero así me siento.

De repente, los siguientes sesenta minutos pasaron a ser los más angustiosos y provechosos de su matrimonio.

Durante muchos años gradualmente llegó a creer que las quejas de su esposa eran la realidad de su matrimonio.

—En estos años que llevamos de casados me has dicho muchas veces que no te sientes relacionada conmigo porque no hago suficientes cosas contigo. Me has dicho que crees que no hablamos lo suficiente. Realmente te desilusioné y fracasé terriblemente como esposo.

Ella se quedó atónita. ¿Era su esposo un fracaso? Ese era el último pensamiento que le cruzaba por la mente. Sin embargo, cuando hablaron acerca de dónde provenía lo que él sentía, ella se dio cuenta de que no le había expresado suficiente aprecio por las virtudes que admiraba en él. Es más, en un momento de verdadera humildad, admitió para sí que fue injusta en la percepción de su esposo.

Se le ocurrió que noventa y cinco por ciento de la relación era buena. No solo buena, sino maravillosa. Trazó un círculo en un papel y luego le dibujó una porción de pastel que equivalía a cinco por ciento del total.

Pensó: *Proporcionalmente, me he centrado demasiado en la pequeña tajada del pastel de nuestra relación que no marcha bien y demasiado poco en la parte que sí resulta. Dediqué cincuenta por ciento de mi tiempo, a pensar en cinco por ciento de nuestra relación.*

Llegó a darse cuenta que, en perspectiva, sus quejas no constituían un problema tan importante como alguna vez pensó.

Advirtió que era demasiado perfeccionista. Le pedía más de lo que un hombre era capaz de hacer.

También se dio cuenta de que no expresaba con suficiente frecuencia su aprecio por las cosas que su esposo hacía bien. A decir verdad y pensándolo bien, reconoció que daba por sentado esas virtudes y que casi no pensaba en ellas.

En ese preciso momento, confeccionó una lista de las virtudes de su esposo que valoraba y que le venían a la mente. Fue una lista larga. Se sintió mortificada por no haberle expresado con mayor frecuencia sus sentimientos de aprecio. Pero resolvió expresarlos en ese momento. Rápidamente dijo:

—Cariño, realmente te valoro y amo muchísimo. Te confieso que no te he demostrado con la frecuencia necesaria mi aprecio en forma verbal.

Luego continuó diciéndole las cosas que valoraba, haciendo una pausa luego de cada una:

—Valoro tu disposición a escucharme.

"Me expresas tus comentarios sobre mi relación con los niños.

"Haces un maravilloso trabajo como padre de nuestros hijos.

Solemos recordar las cosas buenas que hacemos y olvidamos las cosas buenas que hace nuestro cónyuge.

"Te ríes de mis bromas.

"Permites que ponga a prueba contigo mis ideas locas.

"Haces tu trabajo con excelencia.

"Eres un buen proveedor para los niños y para mí.

""Sé que me amas.

"Eres equilibrado.

"Sé que quieres estar conmigo.

"Eres sumamente sabio en los aspectos prácticos de la vida cotidiana.

"No eres ningún fracaso. Eres un esposo maravilloso."

Cuando terminaron de hablar, las lágrimas surcaban las mejillas de su esposo. Agradeció profundamente sus afirmaciones. Significaban mucho para él.

Al ver llorar a su esposo, ella se dio cuenta de cuán ciega había sido. Había perdido la perspectiva del panorama total de su matrimonio con este hombre. En realidad, al leerle la lista a su esposo, se abrieron sus propios ojos para ver cosas que había olvidado. Cuando advirtió cuán profundamente conmovieron sus palabras a su querido esposo, supo que esta valoración verbal era algo largamente adeudado.

TENDENCIAS DE LA NATURALEZA HUMANA

En los días siguientes, ella reflexionó sobre algunas tendencias de la naturaleza humana que son particularmente perjudiciales para el matrimonio.

En primer lugar, solemos recordar las cosas buenas que hacemos y olvidamos las cosas buenas que hace nuestro cónyuge. Al mismo tiempo, tendemos a olvidar los errores que cometemos, pero recordamos los errores que comete el cónyuge.

En segundo lugar, solemos no reconocer las mejoras de nuestro cónyuge. Una de las principales quejas de los adolescentes es que su mamá y papá no se mantienen al ritmo rápido en que ellos crecen. Los ejecutivos jóvenes se quejan por los superiores que recuerdan cómo eran cuando comenzaron, pero no alcanzan a reconocer todo lo que han progresado. Asimismo, en el matrimonio es importante reconocer con objetividad el crecimiento y el cambio producidos en su esposo.

En tercer lugar, tendemos a esperar que nuestro cónyuge se convierta en algo que nunca podrá ser. Hay muchos tipos de martillos y se les puede dar una variedad de usos. Hay martillos para sacar clavos, martillos de bola, martillos para medir los reflejos y martillos neumáticos. Pueden clavar clavos, forjar hierro, arreglar abolladuras y romper cemento. Hay muchos tipos de sierras y se les puede dar una diversidad de usos. Hay sierras para madera, sierras para metales, sierras circulares, sierras de cinta y sierras de carbono. Pueden aserrar madera, acero y vidrio. Tanto los martillos como las sierras son herramientas muy útiles, pero una sierra siempre será una sierra y un martillo siempre será un martillo. No se puede aserrar con un martillo ni martillar con una sierra.

> *En el matrimonio es importante reconocer con objetividad el crecimiento y el cambio producidos en su esposo.*

Hay muchos tipos de hombres y pueden hacer una diversidad de cosas. Hay hombres bajos, hombres altos, hombres calvos, hombres callados, hombres fuertes, hombres sensibles. Pueden ser esposos de una mujer, padres de un hijo, proveer un ingreso y hacer que una casa sea un hogar. Un esposo es algo útil, pero un esposo siempre será un esposo. Hay cosas que su esposo simplemente no puede hacer. Ni ahora ni nunca.

Toda desilusión es el resultado de expectativas no satisfechas. Si se siente desilusionada con su esposo, esto se debe a que sus expectativas respecto de cómo la amaría y la cuidaría no han sido satisfechas. Si esperaba que fuera a la vez un martillo y una sierra, tal vez deba hacer un ajuste a sus expectativas.

Un esposo es algo útil, pero un esposo siempre será un esposo. Hay cosas que su esposo simplemente no puede hacer. Ni ahora ni nunca.

¿CÓMO PUEDE AYUDAR A SU ESPOSO?

Suponga que me pudiera sentar con su esposo durante unos minutos y preguntarle: "¿Qué siente su esposa en cuanto a usted?"

¿Cómo respondería a mi pregunta? ¿Expresaría sentimientos de amor y aceptación incondicional? ¿O acaso sentiría que el amor que le da viene acompañado de condiciones? ¿Se sentiría respetado? ¿O su amor propio estaría un tanto debilitado por lo que cree que usted supone?

Toda desilusión es el resultado de expectativas no satisfechas.

Le sugiero que en este mismo momento busque un papel y dibuje un círculo, un pastel, que represente su relación con su esposo. Dibuje una porción a escala de lo que no está bien en la relación. ¿Qué tamaño tiene? Considere el resto del pastel. ¿Es proporcional la forma en que piensa y habla de su esposo a lo que es bueno de él y su relación?

¿Por qué no hacer una lista de todas las cosas que valora de su esposo? A continuación se presentan unas palabras a manera de "gatillo" para estimular sus ideas:

Integridad	Fidelidad
Amor	Lealtad
Paciencia	Amabilidad

Sabe escuchar	Corazón de siervo
Humor	Hombre de oración,
Comprensión	Flexibilidad
Confiabilidad	Dispuesto a compartir
Comunicación	Perseverancia
Alentador	Hospitalidad
Fe	Autoridad espiritual
Asume responsabilidad	Alegre
Se supera	Proveedor
Trabajador esforzado	Pensamiento positivo
Cuidadoso	Compasivo
Mayordomía	Humildad
Ayuda	Intimidad
Tolerante	Apasionado
Ecuánime	Equilibrado
Sensible	Aceptación
Visión	Organizado
Creativo	Productivo
Espiritual	Responsable
Comprometido	Digno de confianza

Haga una cita con él y dígale todas las cosas que figuran en su lista que valora de él.

Por último, tal vez haya contribuido a la presencia de tensiones en su relación debido a que ha tenido expectativas demasiado elevadas. Para imprimir un nuevo rumbo a las cosas, debe decidir hacerlo: Tiene que tomar una decisión. Si se siente cómoda con la siguiente oración, o una similar, ¿por qué no la utiliza como una forma de comprometerse a ser una esposa más alentadora?

Señor, confieso que he pensado demasiado en lo que no da resultados en mi matrimonio y no le he prestado suficiente atención a lo que sí resulta. Le he puesto condiciones a esta relación que nunca debieron existir. Dios mío, tu forma de amar y aceptarme ha sido incondicional y, sin embargo, me he permitido amar y aceptar a mi esposo de

manera condicional. Amo de verdad a mi esposo,
pero debo confesar que no le he demostrado
suficiente respeto por las muchas virtudes
maravillosas que posee. No le he dado el
reconocimiento adecuado por el esfuerzo que
realiza y por todo lo que ha mejorado. Te pido que
me perdones y me purifiques. Por la fe tomo ahora
la decisión de dar un giro a esta situación, de
expresar aprecio verbal, de olvidar más errores, de
perdonar a mi esposo y de recordar más cosas
buenas acerca de él. Haré todos los ajustes que
sean necesarios para que él sepa que lo amo, lo
respeto y lo valoro. Dame el poder por medio de tu
Espíritu de cumplir con mi compromiso. Amén.

UNA REFLEXIÓN PARA LOS ESPOSOS

En este capítulo le he contado a su esposa la historia de cómo una pareja venció algunas tendencias perjudiciales de la naturaleza humana. Es necesario que comprendamos que nuestra esposa realmente nos ama y nos valora. No obstante, ella, al igual que nosotros, a veces ve el vaso medio vacío en lugar de verlo medio lleno. Sea sincero con su esposa sobre todas las formas en que puede alentarlo y apoyarlo más.

Quince

Años dorados

Cómo prepararse para el invierno

*L*a siguiente historia resume mi matrimonio con Patsy y quizá también el suyo si es que lleva casado veinte años o más.

Una pareja estaba sentada en la sala. Él leía el periódico, ella leía una novela. Luego de un largo rato, ella dijo:

—Cariño, ve arriba y ponte un abrigo.

—Sí, querida —respondió—. Dobló su periódico, lo dejó sobre el sillón, caminó por el pasillo, subió las escaleras, abrió una gaveta, tomó un suéter y bajó las escaleras abotonándoselo.

Cuando llegó a la puerta de la sala, se detuvo y dijo:

—Querida, ¿puedo hacerte una pregunta?

—Sí, amor, por supuesto —respondió ella.

—¿Vamos a salir a caminar o tengo frío?

Con la edad viene la gracia. Y la compatibilidad. Y la paz. Y el completar las oraciones del otro.

En este último capítulo quisiera que reflexionáramos sobre lo que los esposos desean que sepa su esposa sobre lo que les sucede durante los dulces y dorados años del matrimonio, el lapso que va de "cincuenta a cincuenta". Es decir, desde los cincuenta años de edad hasta los cincuenta años de matrimonio. Es un hermoso retrato de esperanza y supervivencia y una regocijante visión a la cual pueden aferrarse las parejas más jóvenes.

QUÉ HIZO FALTA PARA LLEGAR HASTA AQUÍ

La primavera fue época de sembrar, de arraigarse, de luchar por el nuevo crecimiento, de colocar cimientos e ir tras los sueños. Con el verano, llegó la edificación de un hogar, forjar el carácter de los niños en el yunque de la vida, fomentar una carrera, invertir en una causa, una tarea de vida.

Ahora los niños crecieron y formaron sus propias familias. Usted siente el frío aliento del otoño golpeando contra su rostro. Se siente... bueno, se siente podada. Es necesario hacer ajustes. Sin embargo, es una maravillosa gracia que los nuevos ciclos de crecimiento siempre sigan a la poda.

Tanto el esposo como la esposa realizaron muchos sacrificios para llegar a este punto. La jubilación está cerca o pronto lo estará. Él está lleno de pensamientos de lo que pudo haber sido o de lo que debiera haber sido.

Pospuso dedicarse a su esposa como quería durante los años en que se ocupó del desarrollo de su carrera, la crianza de los hijos y de costear un estilo de vida. Pero ahora quiere volcar su atención hacia la mujer que se mece lentamente en el sillón junto al suyo.

Valora los aportes de su esposa al criar a los niños, trabajar para obtener un segundo ingreso, mantener unido el hogar y permitirle desarrollar su vocación.

Sobrevivieron más de media docena de pruebas serias.

Ella es la única que conoce sus pensamientos más profundos.

Ella ha sido su mejor amiga desde siempre.

Ahora, quiere asegurarse de que ella no pasará frío durante el invierno. Quiere compensarla por los años pasados. Espera atenderla como ella lo hizo con él. Y su mayor deseo es bendecirla.

¿Qué les sucede a los esposos cuando sienten el frío del otoño?

LOS REMORDIMIENTOS

Un amigo y su esposa asistieron a una convención. Luego de terminar una agradable conversación con unos amigos, ella bajó del bordillo de la acera, la atropelló un automóvil y murió. Mi amigo dijo: "Mi objetivo era levantar mi organización. Iba a trabajar intensamente. Luego tendríamos tiempo para estar juntos. Ahora eso nunca sucederá. He descubierto que la vida pende de un hilo."

En el otoño, el hombre se siente acosado por los pesares del pasado. Los pensamientos de lo que pudo haber sido y de lo que debió ser pesan mucho en su corazón. Un esposo desea dejar de lamentarse por los errores y comenzar a superarlos.

El principal pensamiento de remordimiento es el siguiente: "Ojalá hubiera dedicado más tiempo a mi familia." Billy Graham ha dicho que de todo lo que hubiera querido cambiar en su vida, lo más importante es haber pasado más tiempo en su hogar.

Los esposos me dicen con frecuencia: "Ojalá hubiera sido un gran líder espiritual en mi hogar."

Las hojas que caen y los árboles desnudos del otoño le recuerdan a un hombre las tareas inconclusas.

LA ENERGÍA

Durante más de veinte años, un hombre maduro se había enorgullecido de su capacidad de trabajar. Nunca se tomó un descanso y por lo general almorzaba en su escritorio o en reuniones de trabajo. Era atlético, la viva imagen del buen estado físico, pero no tan joven como lo antes fue. Tuvo un golpe emocional cuando, un día, en la cumbre de su carrera y de su estado físico, tuvo que sentarse unos instantes a descansar en su trabajo. Por primera vez en su vida sintió el tictac de su reloj biológico.

Se cuela en nosotros, los hombres, en los momentos más inoportunos. Corremos durante décadas como un orgulloso semental. Pero un día mientras galopamos a toda velocidad, vemos otros sementales, más jóvenes, que nos pasan al trotecito. Nos sentimos felices por ellos, pero aun así duele. Es un descubrimiento alarmante ver que uno ha perdido el ritmo.

En los días que siguen advertimos que nuestro nivel de energía comienza a disminuir. A su debido tiempo llegamos a darnos cuenta que nuestras capacidades ya no son las mismas. En el lapso de unos pocos años agitados nos enfrentamos a nuestra propia mortalidad. Al principio nos irritamos, pero finalmente nos vamos apaciguando.

Nos damos cuenta que ya no somos los jóvenes sabiondos que éramos. (Aunque a veces pensamos que somos los viejos sabios que *sí* lo saben todo.)

LA AMBICIÓN

Cuando llega el otoño, las ambiciones de su esposo comienzan a dar un vuelco. Algunas veces ha ganado y otras ha perdido. Ahora quiere concentrarse en lograr un éxito que valga la pena.

Todas sus luchas disminuyen. Las ambiciones ceden el lugar a la vocación. El deseo de tener éxito cede ante el deseo de ser fiel. Se da cuenta de que es quien es. Deja de luchar por lograr lo que no se suponía que lograra. Ya no se eriza cuando piensa en las limitaciones de sus capacidades. Empieza a sentir una paz interior y, por lo tanto, a expresar una paz exterior.

Un hombre joven puede contemplar estas cosas desde lejos, pero en realidad no las llegará a conocer hasta que comience su propia declinación.

LOS DESEOS

Otoño. Es la estación cuando un esposo comienza a buscar una nueva y diferente visión. Unos pocos sueños se hicieron realidad, pero acepta que no toda ostra contiene una perla.

Los hombres tienen una inclinación natural hacia la tarea. Sienten el impulso de hacer lo que se debe. Sin embargo, cuando reflexiona sobre el paisaje desordenado del pasado de sus esperanzas y sueños, observa que su vida fue desequilibrada. En algún momento del otoño, los deseos de un esposo cambian de dirección, apuntando más a la *relación* que a la *tarea*. A decir verdad, muchas veces, la relación pasa a ser su tarea.

Cuando los esposos se encuentran parados entre los troncos desnudos del otoño, sus remordimientos se hacen presentes, su energía disminuye, su ambición cambia y su deseo de una mayor "relación" crece.

Al volverse más interesado en desarrollar una relación más profunda con su cónyuge, se produce un gran impacto en su esposa, la cual en su ausencia desarrolló una vida propia. Tal vez por eso se les dice a quienes se jubilan: "Para mejor o para peor, pero no para almorzar."

Mira a su lado y contempla largamente a su amada esposa. La ve como nunca antes. Ve que ella, también, se siente inquieta y vulnerable, y anhela recuperar lo que durante tantos años dejó de lado. Poco a poco, con el transcurso del tiempo, un nuevo y mejor sueño comienza a dibujarse. Es la visión de dos mecedoras una al lado de la otra.

¿Qué cambio quieren introducir los esposos en su relación con su esposa para prepararse para el invierno? Cuatro cambios clave son los que quiere incluir: *más tiempo, menos presión, suficiente dinero y una mejor amiga*.

MÁS TIEMPO

*B*ill fue, durante casi toda su carrera, un viajante. En cuanto los hijos abandonaron el hogar, comenzó a llevar a su esposa, Martha, a algunos de sus viajes. Iba a sus citas y ella pasaba el día leyendo o comprando.

"Ha sido increíble", recuerda Bill, "la cantidad de veces que Martha mencionó cuán importantes fueron esos momentos para ella. Las cosas pequeñas verdaderamente valen mucho."

Al considerar los cambios que debe realizar para el invierno, un esposo quiere darle más a su esposa: tiempo, conversación, compañerismo, más de lo que ella necesita.

El nido vacío es un tiempo de volver a conectarse una vez que los hijos ya se fueron. No se trata tanto de una nueva luna de miel, sino de una época para volver a aprender cómo es el otro. Luego, cuando llega el momento de la jubilación, los hombres piensan: *Tenemos que pasar más tiempo juntos, ahora que hay tiempo... mientras todavía nos quede tiempo.*

MENOS PRESIÓN

"A principios de nuestro matrimonio", dijo Dave, "arrastré a mi esposa a la carrera alocada y la sometí a la presión de trabajar para mantener un estilo de vida. Como resultado, no pudo dedicar a los niños el tiempo que hubiera deseado. Realmente deseo compensarla por ello."

Un cambio importante que los esposos quieren introducir en la última etapa de su vida es reducir el monto de presión sobre su esposa. Cuando un esposo aprecia todas las contribuciones que ha hecho su esposa, quiere honrarla facilitándole el camino.

John, que tiene cuarenta años de edad, alienta a su esposa a que trabaje las doce y trece horas diarias que su jefe le exige. Le parece bien porque el dinero es un centro focal de su vida. A la inversa, cuando Wayne, su vecino que tiene sesenta años, vio que a su esposa le pedían a menudo que trabajara más horas, se dio cuenta del estrés que esto le ocasionaba y la alentó a que renunciara. Muchos esposos, cuyos motivos son equivocados a los treinta o cuarenta años de edad, verán la luz cuando tengan cincuenta.

Frank se jubiló hace varios años, pero su esposa, Lois, ama su trabajo y continúa haciéndolo. No necesita trabajar por motivos económicos, pero disfruta de la contribución que hace como recepcionista del consultorio de un médico. Para bendecirla, Frank se ocupa de los quehaceres del hogar, una tarea que disfruta a cambio de todos los años en que ella lo atendió con tanta lealtad.

Cuando los esposos maduran, también comienzan a ver el valor de disminuir otro tipo de presiones. Se trata de la presión del desempeño, de exigir tanto a la esposa como a los hijos a vivir a un nivel demasiado elevado. Cuando dos amigos de Scott de poco menos de cincuenta años murieron alrededor de la misma época, esto le hizo reflexionar. Él y su esposa hablaron del tema. Llegó a la siguiente conclusión: "Creo que debemos concentrarnos más en lo bueno de nuestro hogar, en lugar de disciplinar todo el tiempo: ve aquí, ve allá, haz esto, no hagas lo otro."

Cuando los hombres maduran, la gracia reemplaza a la ley dentro de su corazón.

SUFICIENTE DINERO

Un hombre subió a su hijo y a su hija en un pequeño auto alquilado y condujo desde Orlando hasta Raleigh, Carolina del Norte, para ir a buscar un cachorro.

En el viaje de regreso conducía a toda velocidad por la autopista interestatal y se acercó demasiado a un camión. Maniobró para esquivar al camión, pero perdió el control de la dirección. El automóvil cruzó la línea del medio y se estrelló contra un árbol. No llevaba puesto su cinturón de seguridad, fue arrojado fuera del automóvil y murió en forma instantánea.

Una pareja mayor se detuvo a ayudar, descubriendo que los dos niños y el cachorro sobrevivieron al accidente. Lucharon para liberar al niño, pero no pudieron sacar a la niña del automóvil chocado. Desesperados, les hicieron señas a los automóviles que pasaban, pero nadie se detuvo.

Finalmente, apareció un hombre maduro que vestía una camisa de franela gris y un sombrero de paja. Comenzó a trabajar arduamente para liberar a la pequeña, mientras la pareja se ocupaba del niño. A la larga lo logró, la llevó hasta el árbol donde yacía su hermano y la colocó allí con suavidad. La pareja se ocupó unos instantes de acomodarla en una buena posición y luego giraron para agradecer al anciano. Se había ido.

La tragedia ensombreció a nuestra comunidad. Este hombre era un esposo maravilloso, un padre afectuoso, un laico sobresaliente y un empresario de mucho éxito.

Sin embargo, lo que más me impresionó fue que a pesar de haber muerto joven, se había ocupado de proveer para el bienestar financiero de su familia mediante pólizas de seguros y ahorros. Había calculado los costos reales en que incurriría su familia para mantener su estilo de vida. No tuvieron que vender la casa. No tuvieron que mudarse a un apartamento. Su esposa, una mujer que trabajaba en la casa, no tuvo que salir a buscar un empleo.

En marcado contraste, otro hombre murió de repente y dejó a su esposa con deudas por valor de decenas de miles de dólares. Ella no tenía el potencial de generar el tipo de ingresos necesarios para liquidar la deuda. Amó mucho a su esposo, pero está enojada, muy enojada, porque se preocupó muy poco por lo que pudiera ocurrirle a ella. La presión por liquidar las deudas de su esposo acosa su mente.

Como dijo un hombre: "Un hombre que muere sin poner en orden su situación financiera, no solo se ha ido, se ha fugado." Es un espectáculo terrible y doloroso ver a una mujer alterar su estilo de vida de manera radical porque su difunto esposo no proveyó para el bienestar financiero de ella. Cuando una esposa debe vender su casa, mudarse a un apartamento y regresar al mercado laboral a una edad en la que debiera estar cuidando a sus nietos, es que estuvo casada con un hombre egoísta.

Cuando un esposo oye el viento soplar a través de los árboles sin hojas, da los pasos adecuados para asegurarse de que ella se mantenga abrigada durante el invierno. No solo se da cuenta de que es su responsabilidad, sino que también sabe que es el único que lo hará. Como dijo una mujer: "Si Lee muriera, no sé lo que haría. Sé que ninguno de mis hermanos vendría a ver cómo estoy ni a cortarme el césped. Estaría completamente sola." Hay ocho viudas por cada viudo.

No solo quieren los esposos asegurarse de que su esposa esté a salvo cuando ellos ya no estén, sino que también quieren asegurarse de que ambos estarán a salvo si viven los dos. Una gran enfermedad inesperada puede acabar con toda una vida de esfuerzo.

Recientemente, un hombre reflexionó: "Con los hijos viviendo en ciudades lejanas y llevando vidas de ritmo agitado, en la actualidad cada vez es menos común que se ocupen de sus padres ancianos." Por ese motivo, ha estado considerando una póliza de seguro a largo plazo para un anciano.

UNA MEJOR AMIGA

John dijo: "Desde que me jubilé, Mary y yo hemos pasado a ser el mejor amigo que el otro puede tener. Hace dos meses me operaron de la rodilla. Como parte de mi rehabilitación, el médico me dijo que caminara dos veces por día. Mary ha estado caminando durante años por las mañanas. Acostumbraba caminar sola. Ahora caminamos juntos y hablamos. Significa mucho para ambos."

Aarón dijo: "En los primeros años de nuestro matrimonio éramos marido y mujer; ahora somos los mejores amigos y amantes. Tenemos una 'regla de diez minutos'. Si uno de nosotros va a llegar más de diez minutos después de lo acordado, llama por teléfono al otro. El otro día me demoré hablando con alguien y me olvidé de llamar. Llegué a casa dos horas tarde y, vaya, Sally estaba furiosa. Eso es porque nos amamos mucho. Siempre quise dar lo mejor de mí a Sally, pero en la primera mitad de nuestro matrimonio solo era algo superficial."

Julia tenía dos hermanas casadas que murieron durante los últimos dos años. La primera hermana estaba casada con un esposo atento y estaban totalmente dedicados el uno al otro. Durante un año y medio luego de su muerte, su viudo Ted se sintió perdido y paralizado.

La otra hermana tuvo un matrimonio difícil marcado por el alcohol, el juego, la infidelidad de ambas partes y problemas con los hijos. Pasaron más tiempo separados del que estuvieron juntos. A pesar de todos sus problemas, cuando ella murió, él dijo: "Me siento solo y ella era una buena mujer." Dicho sea de paso, en medio de todo eso se acercó a la fe.

El esposo llega a los años dorados con una clara convicción de lo buena que ha sido su esposa con él.

Honrar a su esposa y ser su mejor amigo es lo que predomina en la mente de un hombre.

CÓMO PUEDE AYUDAR A SU ESPOSO

Una melodía resonaba en su corazón durante la primavera y la siembra. Han superado el sofocante calor del verano. Ahora es el momento de cosechar esos años de sacrificio y trabajo. Recorrieron un largo camino juntos. Salieron a flote. Es la estación para disfrutarse profundamente el uno al otro.

La mayoría de los esposos siente que bulle dentro de sí un sentimiento de remordimiento por las cosas que pudieran y debieran haber sido. Tal vez pueda perdonarlo por la forma en que la desilusionó.

Quizá se sienta descorazonado por la disminución de su energía. La aceptación incondicional que usted le brinde, mientras lo superan hombres más jóvenes, será largamente recordada.

A medida que cambien sus ambiciones, demuéstrele su aprobación. Cuando vea incrementar su deseo de relacionarse, no se muestre renuente. Recuerde que esto es lo que usted siempre quiso.

Ayude a su esposo a volver a realcionarse con usted. Ambos necesitarán hacer ajustes a su vida para pasar más tiempo juntos. Aliéntelo a reducir su presión sobre usted, así como también sobre sí. Entable una conversación sincera acerca de lo que le sucederá a sus finanzas si él muere. También, hable sobre lo que ocurrirá si los azota una enfermedad grave o si se requiere vivir en un hogar de ancianos.

Por último, sea su mejor amiga. En realidad, siempre lo ha sido. Pero él necesita que se lo confirme de vez en cuando.

UNA REFLEXIÓN PARA LOS ESPOSOS

¿Qué les sucede a los esposos cuando sienten el fresco aliento del otoño? ¿Qué cambios quiere realizar un hombre en la relación con su esposa para prepararse para el invierno?

Cuando llega el otoño y se siente acosado por los antiguos pesares, un hombre desea dejar de lamentarse por los errores del pasado y comenzar a superarlos. Experimenta una disminución en su nivel de energía. Sin embargo, llega a aceptar sus limitaciones, la mortalidad y la disminución de sus capacidades. Se apacigua. Sus ambiciones cambian de dirección. Se da cuenta que es quien es y no se irrita por la limitación de sus capacidades. Sus deseos cambian, pasando de dedicarse a la *tarea* a querer una *relación* más plena con su esposa, algo que deja sorprendida a esta mujer que desarrolló una vida propia ante la ausencia de su marido. ¿En qué etapa de la vida está? ¿Qué le está sucediendo?

Dentro de los cuatro cambios que el hombre quiere hacer cuando se prepara para el invierno se incluyen:

• Pasar más tiempo con su esposa.

• Reasignar las responsabilidades para que su esposa esté bajo menos presión.

• Asegurarse de que haya suficiente dinero, sea que él siga con vida o no.

• Descubrir cómo ser el mejor amigo de ella.

Con frecuencia, un hombre pospone dedicarse a su esposa durante los años en que está desarrollando una carrera, criando a sus hijos y enfrentando un estilo de vida. Durante el otoño de la vida, quiere volcar su atención a la esposa leal que algún día se mecerá en el sillón junto al suyo.

Valora las contribuciones que ella ha hecho: criar a los niños, trabajar dentro y fuera del hogar, mantener unida a la familia y permitirle que él se dedicara a su trabajo. Sobrevivieron más de media docena de pruebas serias. Ella es la única que conoce sus pensamientos más profundos. Ella ha sido siempre su mejor amiga.

Ahora su mayor deseo es asegurarse de que no pase frío durante el invierno. Quiere compensar los años en que la ha pasado por alto. Quiere atenderla como ella lo atendió a él.

¿Qué ideas y reflexiones le vienen a la mente en cuanto a su matrimonio? ¿Qué cambios quisiera hacer ahora para poder disfrutar de mecerse juntos cuando llegue el momento? ¿Alguna vez es demasiado pronto?

Epílogo ❧

No es poca la tristeza que siento al terminar este libro.

Amo profundamente mi vocación de ayudar a los hombres, sus esposos, a reflexionar más profundamente sobre su vida. Todos los días veo cómo estos hombres luchan contra la presión de mantener o de construir su vida. No obstante, la mayor lucha para ellos es que su matrimonio no marcha como se supone que debiera.

Escribí este libro para ayudar tanto a usted como a su esposo a "descifrar el código" sobre cómo lograr el matrimonio que soñaron en esos días de noviazgo cuando empezaban a insinuar que quizá desearían pasar toda la vida juntos.

El objetivo ha sido decirle cómo es un hombre desde la perspectiva de un hombre, llevarla al "vestuario". Quise que supiera las cosas por las que atraviesa, lo que siente y lo que le es importante. Oro que sienta una mayor unión emocional con él y sea más paciente.

Como dije en la introducción, el matrimonio es algo bueno. Como esposos, lo sabemos. Sin embargo, muchas veces nos alteramos por las exigencias y el ritmo que nos impone esta cultura comercializada y vertiginosa en la que vivimos, y perdemos la orientación. Por favor, perdónenos. La mayoría de nosotros de verdad tiene el deseo de hacer lo bueno.

La fiesta está a punto de terminar. Las luces se apagarán. Los adornos de papel crepé se caerán. Los restos de la fiesta estarán diseminados por el piso. Los niños habrán crecido y se habrán ido. Todos los compañeros de golf de su esposo se habrán mudado a la Florida para vivir en pequeños condominios y conducir en calles construidas para carros de golf. Solo quedarán dos mecedoras una al lado de la otra. Su esposo se da cada vez más cuenta de la importancia de invertir hoy en la persona que estará sentada a su lado más adelante. Recíbalo cuando él lo haga. Perdone y ayúdelo cuando no lo haga.

El matrimonio es un precioso don de Dios. Pido a Dios que bendiga todos sus días de matrimonio. Que su esposo se convierta en el hombre que Dios quiere que sea.

Reconocimientos ❧

Un trabajo como este es producto del esfuerzo colectivo de miles de personas, en su mayoría hombres, que abrieron su corazón para contar sus sueños y desilusiones con vulnerabilidad. Estaré por siempre en deuda con los que me comunicaron las lecciones aprendidas, brindándome el privilegio de relatárselas a ustedes.

Varias personas revisaron el manuscrito y mejoraron notablemente la versión final del libro. Joe Creech ofreció la distinguida sabiduría de un experimentado consejero matrimonial. David Delk reflexionó sobre cómo darle más riqueza a los conceptos y principios presentados. Mi editor, John Sloan, y el equipo de lectoras que reclutó, hicieron un aporte increíble para que este libro brindara lo que se prometía.

Mi propia esposa, Patsy, lee todo lo que escribo y no puedo hacer nada sin su aprobación. Soy un perrito perdido sin su apoyo. Ella me desafió en varios temas y, finalmente, cedí.

Sin la ayuda y el aliento de Robert Wolgemuth y de Mike Hyatt seguramente hubiera abandonado la idea de publicar este libro.

Quiero manifestar mi agradecimiento especial a B.J. Belton, Betty Feiler y Bill Miller por los sacrificios que hicieron para darme el tiempo que necesitaba para escribir.

Acerca del autor 🙠

Empresario, autor y disertante, Patrick Morley ha sido un instrumento en ayudar a hombres y líderes en todo el mundo a reflexionar con mayor seriedad sobre su vida y tambien en equiparlos para que tuvieran un impacto mayor en el mundo. Ha sido presidente o socio gerente de cincuenta y nueve compañías y sociedades. Fundó *Morley Properties*, que durante la década del ochenta fue una de las cien empresas privadas mayores de Florida.

El señor Morley también fue presidente de numerosas organizaciones civiles y profesionales. Se desempeña en la junta directiva de *Campus Crusade for Christ* y en la junta editorial de la revista *New Man*.

Se graduó con honores en la Universidad de Central de la Florida, que lo seleccionó para recibir su Galardón a Estudiantes Distinguidos en 1984. Es graduado del Programa de Gestión de Presidente/Dueño, de la Facultad de Administración de Empresas de Harvard y del Seminario Teológico Reformado.

Ha escrito libros de gran venta, entre ellos el galardonado *El hombre frente al espejo*, así como también *El resto de tu vida*, *Conozca al hombre frente al espejo*, *Devocionales para parejas* y *Lo que los esposos desean que sus esposan sepan sobre los hombres*. Tiene a su cargo un curso de estudios bíblicos para ciento cincuenta empresarios y líderes. Vive con su familia en Orlando, Florida.

Notas ❧

UNO: Niñez: *Lo que sé lo aprendí de mi padre*
1   *The Orlando Sentinel*, 13 de junio de 1996.

DOS: Trascendencia: *¿Qué quiere su esposo?*
1   Blaise Pascal, *Pensées*, traducido por W.F. Trotter, 33, *Pascal, Great Books of the Western World* [Grandes libros del mundo occidental], Encyclopedia Britannica, Chicago, 1952, pensamiento #425; 243, 244.
2   Victor E. Frankl, *Man's Search for Meaning*, Simon and Schuster, Nueva York, 1984, p. 105.
3   Michael Novak, *Business As a Calling* [El comercio como vocación], Free Press, Nueva York, 1996, p. 29.

TRES: Obstáculos: *¿Qué perturba a su esposo?*
1   Frank Luska, "Oates relearns there's more to life than batting orders", *The Dallas Morning News*, 5 de junio de 1995.
2   Patrick M. Morley, *Getting to Know the Man in the Mirror* [Conozca al hombre en el espejo], Zondervan, Grand Rapids, 1998, p. 1.

3   Varias ideas de este capítulo se desarrollaron previamente en un libro anterior, Patrick M. Morley, *The Seven Seasons of a Man´s Life* [Las siete etapas en la vida del hombre], Zondervan, Grand Rapids, 1997.

4   Michael Novak, *Business As a Calling*, Free Press, Nueva York, 1996, p. 6.

5   Francis A. Schaeffer, *How Should We Then Live?* [¿Cómo hemos de vivir?], Crossway, Westchester, IL, 1976, p. 205.

6   Alexandr I. Solzhenitsin, *A World Split Apart* [Un mundo dividido], Discurso de bienvenida presentado en la Universidad de Harvard, 8 de junio de 1978, Harper and Row, Publishers, Nueva York, 1978, p. 13.

7   Esta es una idea que Neit Postman planteó en *Technopoly* [Tecnopolio], Random House, Nueva York, 1992.

8   Según cita del doctor William R. Bright.

9   Patrick M. Morley, *El hombre frente al espejo*, Editorial Betania, Miami, FL, 1994, p. 48.

CUATRO: Presión: *Cómo comprender la presión que siente su esposo*

1   Richard A. Swenson, *Margin* [Margen], NavPress Publishing Group, Colorado Springs, 1992, pp. 15,17,91-92.

2   "As credit burden grows, many Americans may have reached their limit", *The Orlando Sentinel*, 1.º de diciembre de 1995.

3   Patrick M. Morley, *A Look in the Mirror, An Equipping Newsletter for Men* [Una mirada al espejo, Boletín para equipar a los hombres], Man in the Mirror, Orlando, 1995, número 16.

4   Ralph Mattson y Arthur Miller, *Finding a Job You Can Love* [Cómo encontrar un trabajo fascinante], Thomas Nelson, Nashville, 1982, p. 123.

5   Bobb Biehl, *Stop Setting Goals* [Deje de establecer metas], Moorings, Nashville, 1995, pp. 27-28.

SEIS: Tentaciones: *Las seis tentaciones persistentes contra las que luchan los hombres*

1   Bob Buford, *Half Time* [Medio tiempo], Zondervan, Grand Rapids, 1994, pp. 49–51.

2   R.C. Sproul, Ed. Gral., *New Geneva Study Bible*, Thomas Nelson, Nashville, 1995, p. 1767.

3   Patrick M. Morley, *A Look in the Mirror, An Equipping Newsletter for Men*, Man in the Mirror, Orlando, 1995, #16.

4   M. Scott Peck, *The Road Less Traveled* [La senda menos transitada], Simon and Schuster, Nueva York, 1978, p.15.

5   S.I. McMillan, *Ninguna enfermedad*, Editorial Vida, Miami, FL, 1987.

SIETE: Compañerismo: *¿Qué necesita un esposo de su esposa?*

1   Ken R. Canfield, National Center for Fathering, Muestra de "Promise Keepers", Encuesta de hombres de 1995, Informe de 1995 sobre los asistentes a la Conferencia.

2   U.S. Bureau of the Census, *Statistical Abstract of the United States: 1995* (edición 115), Washington D.C., 1995, #636.

3   Oswald Chambers, *En pos de lo supremo*, Cruzada de Literatura Cristiana, 1979.

OCHO: Intimidad física: *¿Qué otra cosa necesita un hombre de su esposa?*

1   *The Orlando Sentinel*, 13 de mayo de 1995.

2   Gary Smalley y John Trent, *The Gift of the Blessing* [El don de la bendición], Thomas Nelson, Nashville, 1993, p. 40.

NUEVE: Comunicación: *¿Qué desean expresar los hombres pero les resulta difícil hacerlo?*

1   Paul Tournier, *To Understand Each Other* [Cómo comprender el uno al otro], John Knox, Atlanta, 1962, pp. 13-14.

2   Busqué los conceptos tratados en esta sección y en la siguiente en Tournier, *To Understand*.

DIEZ: Solución de conflictos: *La ayuda en los quehaceres domésticos y otros temas espinosos*

1   David Seamands, *Healing for Damaged Emotions* [Sanidad para las emociones dañadas], Victor, Wheaton, 1981, p. 107.

2   Tim LaHaye, *El varón y su temperamento*, Editorial Betania, Miami, FL, 1978.

3   Patrick M. Morley, *Devotions for Couples* [Devocionales para parejas], Zondervan, Grand Rapids, 1997, pp. 68-69.

DOCE: Paternidad: *La posición cambiante de su esposo respecto al hecho de ser padre*

1   Michael Novak, *Business as a Calling*, The Free Press, Nueva York, 1996, p. 43.

2   Ross Campbell, *Si amas a tu hijo*, Editorial Betania, Miami, FL, 1985.

3   Ken R. Canfield, National Center for Fathering,
    Muestra de "Promise Keepers", Encuesta de
    hombres de 1995, Informe de 1995 sobre los
    asistentes a la Conferencia.

Nos agradaría recibir noticias suyas.
Por favor, envíe sus comentarios sobre este libro
a la dirección que aparece a continuación.
Muchas gracias.

ZONDERVAN

Editorial Vida
7500 NW 25 Street, Suite 239
Miami, Florida 33122

Vidapub.sales@zondervan.com
http://www.editorialvida.com